在教育的大地上优雅成诗

ZAI JIAOYU DE DADI SHANG YOUYACHENGSHI

剧爱玲◎著

中国文联出版社

图书在版编目（CIP）数据

在教育的大地上优雅成诗 / 剧爱玲著. — 北京：
中国文联出版社，2023.10
ISBN 978-7-5190-5353-6

Ⅰ. ①在… Ⅱ. ①剧… Ⅲ. ①教育–文集 Ⅳ.
①G4-53

中国国家版本馆CIP数据核字（2023）第198497号

著　　者　剧爱玲
责任编辑　刘　旭
责任校对　秀点校对
装帧设计　刘贝贝　李　娜

出版发行　中国文联出版社有限公司
社　　址　北京市朝阳区农展馆南里10号　　邮编　100125
电　　话　010-85923025（发行部）　010-85923091（总编室）
经　　销　全国新华书店等
印　　刷　北京四海锦诚印刷技术有限公司

开　　本　710毫米×1000毫米　　1/16
印　　张　17
字　　数　235千字
版　　次　2023年10月第1版第1次印刷
定　　价　58.00元

序 言

诗心向美而生

（他序）

我与剧爱玲老师是在2021年春天认识的。她是河南省教育家书院第一批研究员，我是她的合作导师。她是一名中原名师、教研员，学科背景是思政；我是一名高校教师，学科背景是物理，现在从事的是教育技术工作。我们之所以有交集，可能是因为我在高校课程思政方面的研究和实践，目前有一门校级课程思政样板课、一门省级课程思政样板课。第一次见她，她话不多，显得有点内向。当谈到学习计划时，她很坚定，说两年内要读100本书，还要争取出两本书。我心里有点犯嘀咕：一个教研员，平常的工作并不轻松，两年内一边工作一边进修，要读完100本书，还要出两本书，可能吗？前不久，她告诉我，读100本书的任务基本完成，还写了近20万字的读书笔记。我惊讶于她的毅力和执行力，她竟然完成了这个在我看来有点不可思议的读书目标。

2023年春节前的一天，我突然接到了她的电话，说是她的两本书准备付印了，并邀请我给她其中一本书写序。我又一次惊讶了：尽管之前谈到过出书的计划，没想到两年内真完成了。这需要怎样的精神和毅力！她却平静地跟我说，这两本书都是慢慢积累而成的，一本以学术研究为主，一本就是要我写序的这本教育随笔。一听说让我写序，我马上感觉到了压力。我是理科背景，目前从事的是教育技术领域的研究和教学，为一位思政学科教研员写的书写序恐难胜任。而且还是一本教育随笔，我自己的文学细胞实在不敢恭维，但推脱不过，她坚持要我写，并将书稿发给了我。

我翻阅着书稿，渐渐被书中的故事吸引，更准确地说，是被书中的真情打动。不知道从什么时候开始，我案头的书籍变得越来越厚，书籍的范围也越来越集中，书中的情感味却越来越淡。面前的这本书，洋溢着爱的气息，向我展开的是一幅如诗如歌而又真实、可触摸的生活画卷：苍翠的树林、绚烂的野花、寂静的村舍、袅袅的炊烟、纯朴的乡邻，这就是记忆中的家，相信它会牵动无数读者的思乡梦；老家一棵巨大的皂荚树，像妈妈慈爱的臂膀，为人遮风挡雨，带来欢乐和安详；作者自己是书中故事的主人公，学生、同事、家人、朋友，家中的油盐酱醋茶、工作中的你我他、研学中的严谨和忙里偷闲的闲庭信步，她将生活、工作有机交融，一半匠心一半诗心，完美汇聚成一颗仁爱之心。她用心去感受生活的美好，用爱去描绘教育的画卷，她要将自己活成一首优雅的诗！像一股清泉，涤荡着我的心；如一缕春风，吹散了我的疲倦，我的心也随着书中的故事而激荡。生活的过往、教育的点滴、身边的人和事，在作者眼里都显得那么温馨、和谐和美好，她有一双发现美的慧眼，更有一颗感知美与传播美的诗心。曾几何时，人们的内心开始变得浮躁，教师的生活慢慢地被更多的东西裹挟，教师的工作也开始变得紧张而忙碌。读读这本书吧，它会像徐徐吹来的风，拂去心灵表面的浮尘，使人变得清新、透彻；像一股清流，涤荡心灵深处的杂念，使人变得纯粹、自然。也许，它还有许多的不完美，但是，我确信它是一个可以让人身心小憩的驿站！不要让匠心独占，接纳诗心，也许我们的工作和生活会变得更加美好！

王慧君

2023年春于河南大学田家炳楼

生活在意义世界

（自序）

一再搁浅，今晚终于把一篇篇文章串联在一起。坐下来，感悟时间的光，沉静我心，记忆岁月温馨。

人生之书、无字之书、有字之书；人生之课、社会之课、教室之课。30多年，行走在不同的课堂和书的世界，意义无限。

风吹叶动，万物深秋，岁月无言，轻轻溜走。不经意间，12月悄然而至，剪下岁月的一瓣瓣芬芳温润在心上。

教师当怀一半匠心、一半诗心。匠心给专业，诗心给生活。匠心和诗心合在一起，课堂和生活就会更有意义。如此“生活即教育，教育即生活”。思政教师更是如此。30多年来，用心教政治，不愿做往日人们心中的“马列主义老太”，愿用自己的亲身实践描画一幅课堂之上的图景，那就是我的“爱润”课堂教学观。愿用自己的亲身实践描画一幅课堂之外的图景，那就是我的诗意生活观。

一天，妹妹带我们去学校的“尚书房”。精美的墙画，雅致的格调，巧妙的摆设，是我想象中的那种书的王国。在这个书香与人文并存的“世界”里，每个人的言行都是如此的优雅得体，图书馆的服务人员也不例外。让我想到，这样触动心灵的校园景观，培育出具有鲜明特色和格局的教师，我们的课堂才能承载启智润心、培根铸魂的使命。

思政课堂是养育人性的殿堂。因为它建立在充满人性的意义世界中。意义只存在于人的生活之中，经思考感悟体验而来，作为思政教师的我们，必须思考这有意义的世界，过有意义的生活。如此，方能上出有意义的课，育有意义的人。

有多少故事，发表在时光的信笺，书写了丰盈的篇章。花的凋零抚过光阴的薄凉，给我力量。岁月的年轮里，因了一个个目标而专注于课堂和课程，在专业发展的道路上一步步超越自我，与优秀同行。

与自己的，与学生的，与书中人的，这些细细碎碎述说的故事呀，是我用心叙写的纷纷繁繁教育大千世界的本真样子，没有一句大调，不喊一腔燃情，呈现的是教育大地上许多同道人“赶太阳”“追蝴蝶”的优雅姿态。今天，一读再读，却发现，这不过是教育青春岁月里一部很仓促的书……

一步一步的足迹是时光中最温暖的记忆，这一份坚持，便是岁月给予自己最好的礼物。

每一颗珍珠，都有一个化茧成蝶的蜕变故事。当平凡的沙砾用海水滋养自己的灵魂，用静默洗涤自己的精神，就开始了漫长的淬炼。生活、生活中的人和事总是在向我们展示新的意义，也总是不断赋予生活新的意义。只有这样，才能让我们的世界越来越丰富，心胸越来越宽广，对于生活意义的体验也随之而不断深化与提升。

在现实和书里，美好的相遇时常出现。不经意间让精神流转，这，也许就是教育的价值所在，本书的价值所在。师者自悟，育人育己！

理想很丰满，现实很骨感。理想与现实总有差距，想法与落地还有太大的距离。仓促之间，疏漏难免。愿，时间的光，照亮你行进在有意义的世界里！

目 录

·根

“‘王假有家’，交相爱也。”家是一生读不完的书，情是心间永远的依恋。献给我的父亲和母亲，他们是我生命中最重要的教育者……

行·大地

片片泥块累厚深，土生万物思千载。身体和心灵都要在路上。“路虽迩，不行不至。”“思则睿，睿作圣。”行思不止，未来可期。

诗心·四季

“诗者，志之所之也。”“心，人心也，在身之中。”师者，当用诗心润匠心。诗心染韵墨生香，素心抒怀添雅趣。清浅时光中，季节流动的画面，总在拨动着悠绵的心弦……

·

根

『「王假有家」，交相爱也。』家是一生读不完的书，情是心间永远的依恋。献给我的父亲和母亲，他们是我生命中最重要的教育者……

回首生命来处

我出生在豫西南南阳盆地，唐河县张店镇的牛园村。村子位于东西两岗之间的平川上。20世纪70年代的普通村庄，三面环水，南北两面是绕村的深水沟、溪流淙淙汇到村西面的第一道河里，村里村外苍翠的树林、绚烂的野花、寂静的村舍、袅袅的炊烟、纯朴的乡邻……

书里写的“枯藤老树昏鸦，小桥流水人家”，就是小时候我家乡的真实写照。

村子的正中间有两个大水坑，是村民们洗衣、洗菜、拉家常的地方。水坑的旁边有一口深水井，可供一大村子人吃水。每当天刚亮的时候，就能听见勤快的村民挑水的脚步声和水桶与桶铃相碰撞的清脆悦耳声。现在，村里的水坑和水井已经废弃，成了往昔伙伴们心中的风景。

那时，几乎家家养着鸭子和鹅、兔子、猫、狗等小动物。鸭和鹅不用喂饲料，每天天一亮，打开院门，那些鸭们和鹅们就会走出去，与邻家的“同伴”们会合在一起，摇摆着身体，“嘎嘎嘎”“鹅鹅鹅”地叫着，浩浩荡荡地向坑里、沟里、河里走去了。等到傍晚，太阳下山，它们又会排着队往回走，进村，回家。勤快又胆大的人家还会养几只兔子或一两只羊，羊拴在树上，如果院子外面有空地，也把它拴到外面的树上，兔子则在院子里蹦跶。还有狗和猫。狗在门前蹲着，冬天里，狗和猫在院子里找一个有阳光的地方趴着晒太阳。

我家的院子位于村子的中间，距水井不远，不算很大，也不算小，三间屋子的上房，三间东屋。院子里自由地生长着一棵梨树、两棵枣树、一棵柿子树、一棵桃树、一棵香椿树，堂屋房门的右侧还有一棵弯腰石榴树。成熟的季节里，果实轮番挂满枝头，这些果子任我享用，香甜可口的滋味至今记忆犹新。

院子的西南角有些年份还垒一个猪圈，圈墙比那时的我还高。春天的时候，父亲到集市上买一只小猪。猪崽还小的时候，不用整天圈在圈里，就让它在院子里和那些鸡一起玩儿。等它长大一些，就把它圈起来。猪圈里挖个四方形的坑，垫上土，猪喜欢在里面拱，时间长了，土变成了黑色，起出来就是肥料了。这时父亲就会说，“庄稼一枝花，全靠粪当家”“人勤地不懒，来年多高产”……

收获的季节，房子的屋檐下挂着一串串玉米棒子；锄、锨、镢这些常用的工具倚放在窗边的墙上；玉米秆堆在院外像威武的士兵守护着我们的小院，也是我和小伙伴们“藏老猫”的好地方。成堆成堆的玉米秆、高粱秆等守护着小院里温馨的家，有时外面还有一堆一堆的红薯……

那时的乡村是祥和自然的，父亲是有凝聚力的，母亲是乐善好施、随和谦恭的，我家的院里院外至今仍是村民聚集聊天的好去处。这里留下了邻里伙伴们的欢声笑语，留下了鸡鸭牲畜的歌声甜蜜，也留下了那些年月我脑海中珍贵的回忆……

童年的记忆里忘不了奶奶的疼爱。我的奶奶是旧中国下层社会农村妇女的典型代表，爷爷去世很早，奶奶独自一人把父亲和姑姑拉扯大，在那个年月，艰难可想而知。记忆中的奶奶和善、干练，是做饭做家务的能手，我的父母老来得女，奶奶对我更是疼爱有加。我记得小时候吃不惯窝窝头和豆面条，奶奶就在灶房内，给我另立炉灶。用两个砖头支起一个铜瓢，给我做小锅饭吃，一直吃到上学为止。那时候我家的灶房常常在半晌子的时候炊烟升起，是奶奶佝偻着腰在为我做饭吃……

哥哥们比我大得多，我小时候经常跟在他们后边，有时不免有些讨厌，要是谁惹了我，只要一向奶奶告状，准赢。记得小哥哥经常用手指头捣我头，只要奶奶看见和听见我说，就会数落他："要是把她捣不聪明了，看你不挨打！"弄得哥哥们谁也不敢惹我。他们经常喊我"大头妮"，我还以为自己的头长得真是比别人大呢。

奶奶一生勤劳简朴，料理家务井井有条，母亲要下地干活，供养哥姐上学，奶奶就包揽了所有家务，一直到去世的前一年还在做饭。我上初二的时候，一天放学回家的路上，听人对我说："快回家，你奶奶不在了。"我跑回家，疼爱我的奶奶安详地躺在床上，用她的三寸金莲走完了漫长而又短暂、艰辛而又幸福的八十六年的岁月，见证了我的家庭由小到大、由贫穷到逐步发展的过程，见证了我们国家由积贫积弱、处处"挨打"到实力逐步增强、国际地位日益提高、人民生活由吃不饱穿不暖到实现温饱开始向小康迈进的曲折历程。

今天，喜庆十九大的召开，北京向世人宣告——中国特色社会主义进入新时代。我坚信，在党的阳光雨露滋润下，家乡人民日益增长的美好生活需要一定会逐步实现。不久的将来，全面小康和现代化的目标一定会在我的家乡、我们的国家变成美丽的现实。

回望生命的来处，我的人生底色铺满了爱和关怀，心灵中渗透着宽容和慈悲，眼眸里看见的多是人性之中的纯净、简单、真情与善美！多少年过去，我仍能在人生的某些时刻找到我生命中的水井和欢快的溪流，也会在自己和他人课堂教学的诸多场景中发现葱郁的树林和绚烂的花果……

（本文是《我的教育自传》节选第一部分，写于2017年10月20日。时值党的十九大召开之际）

母亲与树

我的母亲如今已是94岁高龄，腰弯了，但眼不花、耳不聋。父母一生养育5个子女，里孙外孙11个，现有重孙7个，母亲都是尽心操劳，无怨无悔。

不必说碧绿的菜畦，光滑的石井栏，高大的皂荚树，紫红的桑葚；也不必说鸣蝉在树叶里长吟，肥胖的黄蜂伏在菜花上，轻捷的叫天子（云雀）忽然从草间直窜向云霄里去了……

这是鲁迅先生少年时代的一曲恋歌。我家也有一棵巨大的皂荚树。它的百年历程就是我家的精神象征和美好家风的传承，更像我亲爱的妈妈慈爱的臂膀……

这棵巨大的树，位于我家堂屋东山墙和东屋北山墙的夹角地带。记忆里，它就是村里最高大的树，不知道它有多大，只听母亲说，她来到这个家的时候，树就很大了。它那巨大的树冠像一把巨大的绿色大伞，一半罩在我家的正屋东部和东屋的北边两间，并漫过房屋，罩在院子里。夏天遮挡滚滚热浪，冬天遮挡寒风冰雪，使我家的房屋和院子更加地冬暖夏凉。另一半树冠下面就是天然的空调房，它给人们挡风、遮雨、遮阳，是吃大锅饭时村民们出工的聚散地，也是责任制后，茶余饭后稍稍休憩，谈论国家家事的好去处。更是孩子们的“百草园”，捉迷藏、打沙包、跳皮筋、听鬼故事……

印象中，我们从来都没有为皂荚树付出过点滴，哪怕浇一滴水，撒一把肥。可是，皂荚树却给予人们很多。印象中，那是村里人免费的洗衣皂，当秋风刮起时，就会摇落几个皂荚果，小伙伴们就会争相捡着拿回家供母亲洗衣服用。据说皂荚果是可以卖钱的，有人专门收，而我家的皂荚经常是不卖的，母亲总是把它送给村人们，在那个时代许多人是买不起肥皂和洗衣粉的。有的人家用完了，就直接把自己的衣服放在水里过两遍捶打捶打就行了。而每当母亲得知，就把家里存的一些再分给他们。皂荚果还可以当药引，每当有人来找时，母亲总是能在一些旮旯里找出来几个，一次又一次……

40多年过去了，母亲在河边和村民们用棒槌砸碎皂荚果放在衣服领上使劲揉搓的身影，仍然时常晃动在我眼前。随之熔铸在心灵深处的还有母亲的善良、坚强和无私……

就像这巨大的皂荚树，是那时全村人心灵的栖息地。

20世纪90年代，城市兴起搞绿化，时兴“大树进城”，有树贩子瞄准了我家的这棵树。给价很高，2000元还多吧，那个时候也不是个小数目。不断有树贩子来游说。母亲坚决不卖。前几年，又有官员模样的人来游说……

那年某日，我做了一个梦——

五颜六色的墙壁一层一层的，更为奇特的是，城堡的周围散发着金色的光芒，一圈一圈的，由内而外，熠熠地闪烁着。一座城堡，像童话故事里的城堡一样，那么地真实，它就坐落在我家巨大的皂荚树的下边。这个真实的梦境，那个城堡的样子至今还在我的脑海里清晰地再现。

这个熠熠发光的城堡，就是坚强的父亲和善良的母亲为他们的子孙们缔造的精神家园。

皂荚树陪伴着许多人走出村庄，然而树下也曾跌落过许多小伙伴们的欢笑与梦想。而我的家人们在母亲与大树的目送下走出家门，走向远方。

头顶一个天/脚踏一方土/风雨中你昂起头/冰雪压不服/好大一棵树/任你狂风呼/绿叶中留下多少故事/有乐也有苦/欢乐你不笑/痛苦你不哭/撒给大地多少绿荫/那是爱的音符……

（2014年10月）

父爱无声

燕子去了，有再来的时候；杨柳枯了，有再青的时候；然而，你睡着了，没有再醒来的时候……

“一生操劳美德留，关键时刻梦里现，一生护佑！如山如海，身教与言传，响耳边！十里八乡皆富足，家人安，勿念！愿天堂里一切安好！愿天下所有的父亲幸福安康！”这是今年父亲节我在QQ空间发表的说说。

再过几天就是父亲离开我们19周年纪念日。每每想起我的父亲，总是泪涔涔……

父亲走的那年83岁，那是1999年的农历八月初九，推算一下，父亲生于1916年，那是个动荡的年代，祖国病弱内忧外患、人民穷苦遭受灾难。祖父去世很早，父亲和祖母相依为命，在旧社会艰难的岁月里度过了苦难的童年。听奶奶讲过，父亲早年还被抓过当壮丁。

童年的苦难，磨炼了父亲坚韧的品格。贫穷的孩子早当家，父亲不仅早早地承担了自己小家的责任，且在15岁的时候被推举为村里的生产队长，而且一干就是60多年，尽管父亲没有上过一天学，大字不识几个。在儿女们长大成人后，多次劝说父亲在家歇息，但是，在乡亲们的要求下终未被批准，一直干到将近80岁。现在想想，在那样的年月里，父亲年幼的身躯肩挑小家和大家的责任，是该要吃多少苦，受多少累啊！

父亲一米八多的个子，高大伟岸，一直到老都是身板硬朗，挺直腰杆，就像他的一生：正直，宁折不弯；公平，不偏不倚。这样的性格和处事方式才能使他在群众中有很高的威望，那时，方圆村里的大事小事，公事私事，一摆到父亲的面前总是很快就会化解。

父亲在家里以孝为重，平时对奶奶尊重爱戴，奶奶有病更是悉心侍奉。父亲的孝心使亲友、乡亲深为感动，也给我们做了很好的榜样。父亲的心里对亲人有着深厚的亲情和牵挂。在20世纪五六十年代，我们国家各方面的条件还比较落后，在这种大环境下，我们家生活比较困难。但父亲经常接济更困难的邻里，还要照顾年幼就出嫁的我唯一的姑姑一家。姑父早年病逝，姑姑和她的儿子也是相依为命，艰难度日，在父亲的帮助下，表兄外出工作、成家立业。

父亲的记忆力非凡，听母亲说，在那个“喊破嗓子敲破钟”的时期，父亲带领的生产队的每一项劳动、每一项活动、每一项工作都搞得红红火火，每一笔账目都记得清清楚楚，与外地的干校、农场等保持着良好的关系，父亲还大力举荐村里有文化的青年去乡里工作或参加革命，这些人有的后来成了国家干部或社会的知名人士。

父爱如山，深沉无言，宽厚仁慈，不求回报。父亲根据我们姊妹五个每人的特点帮助我们谋划出路。在父母的支持下，我的姐姐读完小学、初中、高中，是20世纪60年代我们村走出的第一个女大学生。父亲对我更是疼爱有加不言语，他看到村里好多同龄的孩子辍学在家，就对我母亲说，学习很辛苦，别让我累着了，不让我干农活。就这样，我就成了连庄稼苗都识不全的农村人，一个偌大的村子，一二十个大致同龄的女孩，也只有我和另一个女孩清阁两人得以完成学业。离开家到县城上高中，父亲常常拉车给我送粮食，怕耽误上课总是赶在饭时能见到我，他自己却忍饥挨饿回家再吃饭。1988年的夏天，接到南阳师范专科学校的录取通知书后，父亲显得特别的高兴，至今还记得父亲领我转户籍关系时一路脸上挂满微笑的神情……

待我工作以后，父亲总是告诫我，教书是个良心活，一定要上心。父亲生病住进了医院，对那时即将退休的姐姐说："你别走了，让她去上班，别耽误了上课。"那一个星期，父亲忍着剧痛一直都很清醒。我没有耽误一天课。那一天，父亲给我们交代了一些事，第二天悄悄拔掉了针头，要回家……

父亲是我们村里最早的党员之一，贫农协会的主席、村长，他是第一个号召成立互助组的组长，初级社、高级社社长，他是人民公社的领导人。多次被评为县上模范共产党员、劳动模范、先进个人等。他良好的工作作风和创新的工作方法与治理智慧，对村里经济和社会的发展起到了关键作用；他的人格魅力对乡村和谐人居环境的营建产生了重要和深远的影响。他的一生是勤勤恳恳的一生！是为党和人民的事业努力奋斗的一生！（摘自家谱）

父亲去世以后的十多年里，每每在梦里看见父亲，家族里就会有一些不大不小的事宜。那是父亲放心不下我年迈的母亲和他的儿孙们……

前几天身体极度不适，腰疼难忍，几乎不敢坐立。夜里突然梦到我的父亲、母亲和奶奶，惊出一身虚汗涔涔，该不是他们想我了吧？猛然醒悟，是他们不放心我，让我注意锻炼身体，好好爱自己……

子欲养而亲不待！空留深深念。

哀哀父母，生我劬劳……

无父何怙，无母何恃……

愿天堂里一切安好！愿天下父母平安度春秋！

（2018年9月11日夜）

平安夜思

时间如白驹过隙，匆匆滑过。

交题的日子近了，仿佛刚送走段考，又迎来期末。

连续几个星期在头脑中盘旋的县里三个年级期末考试题终于在数次的定点、选材、编辑、配图，改头、换面、脱胎、换骨中尘埃落定。尊重学科，尊重学术，标点符号也不放过，又经过一个晚上的斟酌校对，终于提前发送至印刷厂了，如果近期再有与课文有关的重大时事新闻发生，在最后统一校对的时候还可以再次设计题目搬上试卷。这就是思政学科的特殊性和魅力所在。

邮件发送成功显示的时间是12月24日23点35分……

大脑出题模式暂时关闭，好轻松。脑细胞活跃，难以很快入睡。

拿起手机，翻看久违的朋友圈，平安夜的祝福铺天盖地……

同事常二转发的一篇文章《你永远都平安，是我最大的心愿》映入眼帘。这个标题，在这个特殊的夜里，话语朴素实在，却温暖人心——

而再看文里，犹如发生在身边的平常小事，细致入微，以小见大，却道：人间真情在，平常念，平淡平安。

摘一段，愿平安：

母亲在世时，每次我出差，她都会嘱咐一句：到了之后报个平安回家。从前只觉得这句话那么轻描淡写，就是一句当妈的惯性唠叨，从未放在心上。母亲不在了，我才懂得，这个世间，除了平安健康，又有什么不是浮云呢？

读文浮想，涌出的不只是心中的怀念。

母亲五七忌日刚过，生死离别的场面历历在目……

平安就是幸福。活着，好，就是好。

母亲在，家就在，寸草难报三春晖。自从外出求学，每次回家，父亲或母亲总是问我住不住或住几天，该离开的时候就催促早点走，趁天不黑，一路平安好放心。

座机电话还没有普遍使用的年月，电话坏了找人修也不是很方便，连续两天电话不通，大嫂突然造访，说：“在家呀，咱妈说两天就没人接电话，快去看看怎么了？”母爱细水绵长深远，感动无言。妈妈是牵挂她的女儿和幼小的外孙。从此，不忘外出及时给家人报平安。打电话找寻好友不到时，也会担心难耐，我的手机24小时开机成为习惯。随时联系时，一声答应，犹如亲友天天报平安。

随手把这篇文章转发朋友圈，希望好久不见的友人看见我的礼物：你永远都平安，是我最大的心愿！我只要你一直都在。其他的，都不重要。

一天来，伴随着圣诞祝福的还有一些对圣诞节等洋人节进行褒贬的文章。诸如让圣诞节滚出中国等，究其原因是正确认识传统文化与外来文化的关系问题。

部分中国人尤其是年轻人爱上洋人节，要辩证地看待。这并非坏事，并非全是崇洋媚外，也并非因为中国的传统节日不受重视。社会发展了，生活水平提高了，追求提升健康向上的节日文化品位和更浓、更温馨的人情味也就成为时尚。这就要求传统节日中的一些习俗和文化品位与时俱进。

洋人节在中国大地上悄然兴起的同时也给我们带来了深刻的启示。

中国是一个具有悠久而灿烂文化的文明古国，在当代，中国人的节日如何增加文化品位？能不能为国人过节设计出高雅、实惠，象征美好，体现文明的漂亮的礼物来？营造出更具健康娱乐和文化气息的氛围来？这实际上是社会主义精神文明建设的大事情，更是中国特色文化建设的重要内容之一！因为可以通过这来推动我们的先进文化建设和社会的进步！

今天，发达的交通和通讯、相互联系的经济与科技、交往频繁的政治与文化，把世界变成了一个“地球村”。作为地球村的一员，我们要拥有全球的视野和开放的胸怀，用世界的眼光看问题——

不同国家、不同民族所创造的文化尽管特色各异，彼此优势是息息相通的。因为我们人类有着彼此相同的心灵和情感。在不同的文化中，必然存在着相通的合理内核——真诚、善良、友爱、和平等人类共同的价值追求。

不同的文化之间平等尊重、对话交流、相互包容、相互学习，就能实现和谐共处，带来共同的繁荣。而我们应在着力弘扬传统文化过好传统节日的同时不忘汲取外来文化中对我们有利的东西。

正如此，平安应是全人类的共同价值，也当是圣诞节等洋人节给我们的最好启示。

建设平安中国，美丽中国。国安享太平。人安、家安、国安，平安是最好的节日礼物。

中原名师班是一个积极向上、充满正能量的团体，示范带动、辐射引领，点亮自己，照亮别人。近期同学们的活动开展得轰轰烈烈，中原名师小学数学共同体交流研讨会隆重举行，硕果累累。中原名师家园公众号里新增的数篇华章，细数着大家的一次次成长。

平安夜，夜里12点37分。微信里又跳出来一篇文章，标题是《你的人生也可以是一本好看的书》，这是师妹魏巍的又一佳作。好久不见了，看看她在干什么。

过去的十天里，利用忙碌的间隙、安静的深夜，读了三本书：《论语心读》《辛弃疾的词与情》以及刘震云的《一句顶一万句》……记不清是哪位学者曾说过一句令我深有感触、无比认同的话：一本书读过后，有想写些什么的冲动，就是一本好书。

暑假里，每天早中晚抽出半个小时的时间朗读《论语》，熟读便于记忆、熟读利于理解、熟读产生联想……

好感慨，名师就是这样修炼出来的。白天做好教书育人的本职，夜间阅读修炼自己。原来闭门只为书卷香，熬夜是为了遇见大师，与大师促膝对话，成为更好的自己。

有人说，名师是熬夜熬出来的。不是吗？学术交流的讲座稿，示范课的教学设计，教育科研的论文写作，课题研究的报告撰写，试题的精心命制，都需要夜深人静的深度思考。众里寻你千百度，蓦然回首，亲爱的同学，你还在灯火阑珊处？！

行动，时常在零点。名师班是一场心灵的修炼。我愿和大家一起越走越远，不为别的，只是为了自己内心最真挚的呼唤——我想静静地成长，诗意地行走在教学教研的路上！

（2016年12月25日零点）

遇见“家人”

张爱玲曾经说过：“于千万人之中遇见你所要遇见的人，于千万年之中，时间的无涯的荒野里，没有早一步，也没有晚一步，刚巧赶上了，没有别的话可说，唯有轻轻地问一声：噢，你也在这里？”

一

花儿缤纷着绚丽，灿烂着热烈。七月流火，美丽的夏天，美好的“遇见”。

根据《河南省教育厅关于印发〈依托中原名师工作室培育省级名师骨干教师试行方案（2016—2020）〉的通知》精神，我工作室于2017年7月11日至14日在唐河县第三初级中学进行了省级名师、骨干教师培育对象集中研修活动。

第一天晚上的见面会上，学员们自如地做着自我介绍，似曾相识，不约而同地说：天各一方，为了一个教育理想，能够拥有同一位老师，来到唐河共同学习生活，是一种缘分，珍惜机会，学习交友，合作提升。

我是在各地上报的众多申报材料中，按照省厅的要求，精心挑选出来15名培育对象。

他们来自商丘、许昌、焦作、三门峡、巩义、兰考、太康、濮阳、平顶山、汝州等地，互不相识，为了一个共同的教育梦想，将在这里启航。

大家还不约而同地问：为什么会在老师慧眼里胜出？

我当时笑而不语……

现在可以告诉你们，除了你们的业绩条件符合省厅规定的标准外，凭的都是内心的感觉和默契，还有你们自己的成绩……

汪霞、曹静、陈玉华三人来自兰考——焦裕禄的家乡，相信在焦裕禄精神的哺育下，你们一定能克服困难，顺利完成研修任务，不是吗？这次集中研修，三人结伴而行，相互关照，玉华忍着刚刚送别母亲的泪花，和大家一起共同学习，相处融洽……

红旗飘飘（杨红旗）的微信头像、振兴中华（闫兴华）的名字，都是一个优秀政治老师具备的核心素养的体现。赵国玺、钱振灏、董建新，这样的名字富含正能量和文化元素。

利敏，是我们学校一个心灵手巧的好老师的名字，加上姓苏富于诗意。

张灿发来自三门峡，不知道吧，我的好友，“冬天里的一叶兰花”，十几年前在三门峡的一所中职学校里重新安家，三门峡已成了她全家的第二故乡。三门峡还有个张文英老师，我在2014年省级优质课观摩活动中，领略了她的风采。果然不出所料，灿发的教学能力展示在群星璀璨中格外引人注目。

张玉林、张灿发，看你们的材料，看你们自己主编的校本教材，这样的人，大概是会玉树“林”风，闪闪发光的。

李晓丽、吴明艳、王艳芹，这都是有智慧的天使之名……

在前期开始的网络研修中，在一篇文章里我曾经跟大家做过无声的交流：“在不再年轻的年龄，能和这么多优秀的人成为师徒，成为朋友，真是一种美好的遇见，就像一只蝴蝶飞进我的窗口，呼唤我再一次出发，给我带来希望、目标和动力；让我梳理、反思和进取……”

师生之间是一种遇见，同伴之间更是一种遇见。

相聚一班，美丽“遇见”。

二

开班典礼的各项议程有条不紊。

意外的惊喜是来自南阳的名师团队李道玲老师和张国锐老师前来，名曰“学习”，实为加油助力，其他名师朋友也在关注鼓励，更有各级领导的大力支持。

下午，按照预定的程序，是培育对象的教学能力展示活动，按照计划，本地成员和培育对象进行同课异构：两位女生同构一节课，两位男生同构一节课。然后有两位专家点评。这是落实我们的培育方案措施之一：研训一体，共同提升。

会议开始的时间就要到了，一向认真守时的专家领导还没有到来，该不会有什么意外吧？忙碌的领导们又接到新任务了吧？120余人参加的偌大会场，无法按照预定的程序进行……

我心里咯噔了一下，拨通电话，领导有了新任务……

有点小紧张，略一思索，一个新的思路出来，一方面求助杨主任，另一方面内部挖潜……

目光扫视会场，工作室成员之一、年轻上进的陆永平老师，不仅所带班级的中考成绩连年名列全县前茅，而且多次在复习备考会上发言，或精心准备的讲座发言，或临时设置的随机点评，都是那样的富于特色，切中要害，令老师们刮目……

何不让他来个随机点评，顺势再让他锻炼一下……

时间到，排在第一名的李明波老师开始讲课了，15分钟的微型课展示很快就要过去。

于是，悄悄地给他传过去一张纸条：“活动程序临时有变，一会儿需要你随机点评四节课。”我也觉得有点勉为其难，但是相信他一定能承担。

再想想，县局为了让本地的老师多向外地的老师学习，特地安排本县三年来评选的文科类名师参加，城郊一初中的谢瑞勤老师也应该在会场，目光寻找，悄悄地走到她身边……

就这样，四节同课异构展示之后，工作室成员陆永平的陆式点评，谢瑞勤老师的诗意点评，教研室高中政治教研员邢老师关于学科教学的点评报告，教研室副主任杨建成高屋建瓴的点评总结，都获得了县内外与会老师的阵阵掌声。网络聊天中，称他们的“神点评”赛讲座，接地、诗意、实在、实用……

新课改有句名言：课堂因预设而精彩，因生成而出彩。活动何尝不是如此。

这是一个美丽的生成。

“遇见”活动，“遇见”生成，“遇见”精彩！

三

研修是聚散，聚散都是为遇见。

当我把集中研修时间确定的消息告诉学员，当我把配有《栀子花儿香》优美乐曲的研修邀请函放到微信群里，当培育对象收到研修的正式通知，大家讨论的都是“遇见”时的激动话题。

研修中，制作和调试课件时，大家互相帮助，解决电脑难题。去参加学习的途中，互相帮助，开车来回接送。本地的老师们也无私奉献，竭尽地主之谊。

因为研修，培育对象由相识到相知。大家在微信群里，在现实中，交流一步步走向深入，有的还经常切磋教艺，成为“臭味相投”的朋友。

因为研修，培育对象结成对子，从事教育科研，手牵手，课题路上一起走。

聚是一团火，点燃激情，点燃梦想。成员的研修报告里抒发了自己的感悟：从这里再次起航。

因为研修，县内县外的老师们，微信群、QQ群里，影影绰绰，到处可见忙碌的身影；邮箱深处、朋友圈里洋洋洒洒，时常有彼此回复的情形，真诚互动，至若亲朋。

散是满天星，为了更好的遇见，星星需要自己先发光。相信大家回去以后，积极工作，认真作业，发挥自己作为省级名师和省级骨干教师培育对象的带头作用，照亮课堂，照亮他人，在“道德与法治”学科教育的星空斑斓里放歌……

让我们在一聚一散中，在“遇见”中，点亮学生，点亮自我，点亮彼此……

四

研修是过程，过程是风景。

史铁生在《活着的事》中这样写道：“世界上唯一你可以拥有的东西就是过程，而时间永远是流逝的。”

我觉得人生旅途中最后的结果也许并不是最重要的，如果你能用心欣赏那一路的景观，人生就是美丽的。

每一段路，都是一种领悟。每一个遇见，都是一种体验。

到目前，玉树临风班，龙腾夏风班，英姿飒爽班，红梅花儿开班，敏儿好学班，还有将要到来的班级。一个个班级，一次次美好的“遇见”。

我们是师生，是友人，更是同学科的“家人”。

德国哲学诗人荷尔德林写道：“人生充满劳绩，但还诗意地栖居在大地上。”

我想说：作为“道德与法治”学科的老师，面对一个个未知“遇见”的挑战，也要诗意地栖居在学科教育的大地上……

（2017年7月30日）

追赶蝴蝶

1. 惬意的小年

做老师，有真正假期的日子是幸福的，提前备足了干粮和蔬菜，有时一天甚至几天不出门，能更好地享受安静的生活。

因了自己的懒惰加之平时工作的烦琐，很难静下心写点自己的文字，偶有闲暇时，便看看书。即使有些书读不懂，能把脸埋在书页中品味清风明月般的书香，让忙碌一天的身体和心灵做短暂的栖息，也就很惬意了。

阴历腊月二十三，俗称小年。也是我们寒假的第一天。终于可以舒舒服服地睡个懒觉了，睡到自然醒。打扮也不漂亮，所以从来不会化妆，在家更是素面朝天。今天又是懒洋洋，索性在被窝里看几页书，让书香代替粉香，环保安全又省钱呢。

书页里仿佛开满淡雅的花儿，赏心悦目，那是花与人的呓语。“书田菽粟皆真味，心地芝兰有异香。”读书无目的，只为通心意。

数九寒冬天，本地气温低至零下3摄氏度，高温零上4摄氏度，因有了太阳的大笑脸，显得格外明媚。今天恰巧又是二十四节气的最后一个大寒节气，天上有太阳，心中有爱，好暖和。

是谁说冬天里没有花开，最美的花儿在心里，那种盛开在灵魂里的香气，是与你心灵相通时的写意，不言不语亦十分美好。

舒缓的音乐声响起，听着喜欢的歌儿，洗衣机不停地转动，我把洗衣机的声音放在了歌声里……

贯彻落实科学发展观，节约水资源，从我做起。这一点，我向来做到，一以贯之。衣服洗完，地也拖完了，但等晚上祭灶神。昨天签了承诺书，今年春节不放炮，因此也不必买炮，减轻雾霾我有责。

做完这一切，已是将近12点，一家人的饭菜但等上桌了。哈哈，初中时学过华罗庚先生写的《统筹方法》，这是富有哲学与美学意味的一篇课文，再一次学以致用吧。

小年是光阴的，光阴流走，童心依然在。

低温是冬天的，冬天寒冷，希望依然在。

读书是修心的，修心致远，宁静依然在。

2. 红梅花儿开

我的好友中有几人叫红梅，红梅名如其人，人好，品高。无论陈还是孟，近处的还是远处的，花香淡淡怡悠远。每念及其人，就想到宋代诗人王安石的《梅花》——

墙角数枝梅，凌寒独自开。

遥知不是雪，为有暗香来。

今天，得知《教育时报》对中原名师班好友红梅的书《走走，看看》做了推介，红梅给我寄的书明天就能收到，期待中。

那些陪伴我度过一次次孤独、欢愉、忧伤、希冀的文字啊，我该如何感谢它们？是它们，无论我心处何地，都在赐我以真情、宁静、恬然和幸福，令我拥有美好。在感喟世间的佳境中，我是那么爱恋这红尘凡俗，爱恋给予我力量的亲人、友人和一切友善的人。

可是，我笨嘴拙舌，面对最美的景色我说不出一个“爱”字，面对最亲的人我更说不出一个“爱”字，心中的愧与恩，只有它们最懂，只有它们能替我表达出来。于是，我喜欢上了和它们相处，我把看到的、走到的、想到的都絮絮叨叨地倾诉给它们，它们多么忠实啊，把我的心思揣摩得细细的、暖暖的，即使躲在黑夜里，我也能看见它们的光亮。

从讲台下走向讲台，从一个校园走向另一个校园，时空更迭，不变的是那份对讲台的热爱、对校园的热爱。爱我的老师、爱我的同事、爱我的学生、爱我的课堂，离开了这些，不知道人生该有多么苍白！

这是她的真情告白，用心生活、用心工作、用心读书的真文字。

读来感同身受。文如其人。共同生活和学习的日子里，有诸多的共同爱好和话题，通向学堂和饭堂的路上，形影不离，无论是深交还是闻名，都让人感到她的美丽、善良、热爱和诗意。《走走，看看》是她20多年立足课堂、对教学哲行睿思的寻寻觅觅，记录回忆。

也喜欢穿水墨山水的衣服。

读你，读你的喜乐和细腻，书卷和文气——

江南水乡的女子，撑一把油纸伞，徘徊在蒙蒙烟雨里……

如你。

3. 美丽的神话

古希腊有个叫西西弗斯的人，他是科林斯的建立者和国王，触犯了众神。众神对西西弗斯的惩罚是让他不断把巨石推到山顶，他不得不一次又一次地用尽气力将巨石往山上推，巨石却一次又一次地滚下山去。西西弗斯的生命就在这样一件周而复始无效又无望的劳作当中慢慢消耗着。

大家都猜想着：这没完没了的苦役一定把西西弗斯折磨得不成人样，他一定悲观沮丧到了极点。

有一天，人们遇见正在下山的西西弗斯，发现他吹着口哨，迈着轻盈的步伐，一脸无忧无虑的神情，正在追逐着蝴蝶下山。

人们诧异，没想到西西弗斯先开口了，他举起手，喊道：“喂，你们瞧，我逮了一只多漂亮的蝴蝶！”

原来，西西弗斯在孤独、荒诞，甚至绝望的生命过程中发现了新的意义——他看到了巨石在他的推动下散发出一种动感庞然的美妙，他与巨石的较量所碰撞出来的力量，像舞蹈一样优美。他沉醉在这种幸福的感觉中，以至再也感觉不到痛苦。

当巨石不再成为他心中的苦难之时，诸神便不再让巨石从山顶滚落下来。

西西弗斯回身走向巨石，发现正是自己创造了自己的命运。在征服顶峰的斗争中，西西弗斯找到了足以充实人的心灵的秘诀，终于找到了属于自己的快乐密码。

这是一个美丽的神话——

偶然的机会，在一篇文章里，看到这个神话传说，我的心为之一动。随即百度一下，不同的版本，不同的见解，摘抄，放在显眼的位置，随后的日子里，偶尔一读，总会想起一些人和事。又好似是我们自身生活的映射。

而今再读，度我以美好……

教育教学工作，其实是庸常和琐碎的，没有什么惊天动地的大事发生，备、讲、批、辅、考、评、补，天天如此；开会、培训、赛课，年年如此。

你抱怨吗？没用，不如愉快地完成；你烦恼吗？没用，自己无法改变的，就愉快地接受。你就会发现沿途还会有许多美丽的风景，而你，和你的学生都在一天天地成长。

前几天在期末考试时，个别老师为改卷子的某些细节要求抱怨时，我说：“换一个角度思考，你就会有另一番想法。”告诉大家要提高认识，加强责任，按照要求，并希望大家愉快地协作。评卷室里，时而静悄悄，时而幽默一笑，时而笔音唰唰争分秒，时而相互交流、又好又快效率高。

前一段，一位学生面对大学生活中的一些新问题，显得焦躁不安，想让我帮助。我怎能去帮助，不了解具体情况。我便给他发了这样一段话："梁晓声说，读书的目的，不在于取得多大的成就，而在于，当你被生活打回原形，陷入泥潭备受挫折的时候，给你一种内在的力量，让你安静从容地去面对。遇到问题和烦恼，静心读书……试试。"

……

过了一段时间，收到一条消息："读书确实有它的好处，我已经感受到它的力量。可以让浮躁的心开始平静。也开始让一些事情有了正确的思考……"

总有些事情是宙斯的神威鞭长莫及的，那是一些太细小的事情，在那里便有了西西弗斯（和我们整个人类）的幸福。坚持和忍耐，一定会有浪漫的注解。

"生命并非从此能够摆脱各种纠结与矛盾，而是一种丰富的理解力来帮助自己获得自明。""爱是从你身体内部打开的自由的花朵。"《张文质说2：生命的见证》里的这句话给我深深的启发。

是的，我希望自己能做一个追赶蝴蝶的人，也希望我的学生们做一个追赶蝴蝶的人。

（2017年1月20日）

我与“阿星”们

2009—2010学年，结下了我与阿星们的情缘。

一、想换课代表

2009—2010学年。我教三五、三六两个班的思政课，当时还叫思想品德课。这两个班分别是班主任红果和书俊倾情两年的班级，也是学校的明星班级。尤其是三六班，在初中一二年级各科成绩均优先。然而，我知道，他们的思政课成绩，要想在中考中领先，还需要在初三经过“和风细雨”的滋润和“暴风骤雨”的洗礼。

我仍然要像往年一样，培养两个出色的课代表。仝嘉嘉和刘张星分别是这两班的课代表。他们是原班人马升初三我已经别无选择，就让他们先试着按我的要求干，不行的话再让班主任调换。我心里这样想着。

往年我教四个班或五个班、六个班的时候。由于班级多，开学一段时间以后课代表承担的不只有检查学生背书的任务，还有布置作业、批改、出题小测验等。总是由成绩较突出的班级的课代表先完成，我过目后，再由他们送往较弱的班级。这样相互帮助，半学期过后，每个班的课代表都能独立承担责任了。

今年这两个班都是应届班。要把他们学习思政课的旧习惯引导到我的思路上来，需要一个过程。根据多年经验，我认为，要想大幅度提高这两个班的整体学习成绩，还需要一个过程，我也下决心想做个实验。整体提升，逐步消除不及格，还需要两个得力的助手。否则，就影响整体预期目标的实现和其他同学对思政课学习的重视程度，也势必影响到思政修养的提升和学生成绩的提高。

要想使今年这两个助手帮忙，还需我有足够的耐心，手把手地教给他们。怎么办呢？要不要建议老师换一下课代表。几次都这样想，然而当我看到阿果和阿俊，为了班级不辞辛苦地奔波，为了个别调皮的同学苦口婆心地劝说……我不忍心再给他们添麻烦。我想我们任课老师能多用爱心和情感提高学生的成绩和管理能力的话，问题可以自己解决。既能保护这两位同学的自尊心和自信心，自己的教育教学能力也会有一个新的提升。这是多赢的效果，做了这样的决定之后，我就悄悄地开始行动——

二、由合格到出色

长期以来，思政课，由于其学科特点决定它一直于夹缝中求生存。认真备课、讲课，旁征博引，交代重点，课文内容题目化。每课讲完我都亲自把这一课要铭记的观点和理解的重点问题，再给大家说一遍。并自己出一些典型题、测试、改卷、评卷进行强化测试。过了一两个月，我想要让这俩课代表试一试，就把组织考试的事交给他们去做。题目还是我自己出，先让他们组织自习课或三餐饭后某个分配给思政学科的时间进行小型测试，他们说总有部分同学不愿意交卷儿……

再后来上课时，我课堂上多提问他们。当然问题，我保证他们能答对。然后大加赞扬他们为同学服务的热心和学习的用功，以帮助他们树立学习的信心。又分别找他俩谈心，肯定其优点，并指出在学习和工作中有待改进的地方，并要求他们大胆行使自己的职权，更好地为同学服务，锻炼自己。只有学习成绩提高了，在同学面前才有说服力、领导力。他们很理解老师并一致表示以后会做得更好。我在教室里联系思政课的知识，又给同学们讲了，班干部们为同学服务，付出了时间和精力，希望同学们理解和支持。并说，他们就是我的代言人，如有不配合的，一定受到惩罚，决不饶恕。

接下来的组织小考中，我提出让班长协助。后来，班长告诉我，他们不让班长出面，同学们也就很服从啦。再后来两个课代表主动自己出题让我过目，自己考试、自己改题。我怕耽误他们过多的时间，就让他们找这一学科学习能力强些的同学轮流帮着改。再后来的一次上课时，阿星主动宣布：本次小考80分以上几人，90分以上几人，95分以上几人，答案正确卷面又没有墨疙瘩的几个（这几个中总有他们自己）。仝嘉嘉也是如此宣布的。

我的两个小助手，由不合格到合格到出色的华丽转变完成啦。

自信阳光的阿星和仝嘉嘉，能出色完成本职工作受到老师和同学们的赞许。他俩来自思政课的自信心使他们学习其他学科的积极性也提高了，这一点阿星表现得要比仝嘉嘉好一点，仝嘉嘉也仅仅限于对思政课的兴趣上。一次我听到阿果在和其他任课老师的交流中说道："仝嘉嘉整天学政治，政治学得好。我一直在班里说仝嘉嘉啊，我应该让你当各科的课代表就好啦。"

了解到这个情况后。有一次在课堂上，我又抓住时机，对仝嘉嘉引导。告诉同学们，只要你真情投入认真听讲，你就会学进去，对每门学科都感兴趣。而且学好每门功课，你才能决胜中考，然后又目光注视着仝嘉嘉。他的目光和我的目光相遇的一刹那，我意识到他的内心一定领会了我的用意……

阿星，在后来的日子里向我汇报工作时，我总是不失时机地提醒一句：各科并进你就是考唐河一中的料儿……看着他们脸上洋溢的自信和阳光，我心里有一种成就感和幸福感。这种感觉只有当老师的才能感觉到。

三、履行诺言

三六班有个好传统，课堂气氛比较活跃，学生们总爱在课堂上自由发表评论。对知识的见解如此，对事物的见解也是。然而有时，他们思想的野马难以收住缰绳。为此，我费了不少功夫，引导他们。

有一次，阿星向我汇报完考试情况，我照例表扬了她。班长陈帅有点儿不服气，嬉皮笑脸地说："那么喜欢她，让她跟你们一家吧。"其他同学一听他这么说，都高兴起来，唏嘘声、赞叹声不断，一个个"坏"笑着……

怎么收场呢，干脆将计就计吧。我就和他们斗起嘴来，说："就是喜欢，我还要认她做干女儿呢。从今以后她就是我闺女啦，谁敢不听她的话，试一试。""狂狂的"陈帅又说："你怎么认她？"我接着说："她要考上唐中，我给她买衣服认。"这下真把他们镇住啦。

课堂顿时静了下来。因为他们知道，我一旦许下诺言就一定会兑现的。

而在以后的生活中同学们有事儿总是让阿星转达。阿星在班里更加自如地考试、评卷儿、发号施令了。班主任老师外出学习，有时同学们想出大门买东西，或者有其他别的要求呢，总是让她和晓臣、赢佳一起来找我。就连班长和其他一些桀骜不驯的同学也很听她的了。阿星更加有礼貌、懂礼仪、阳光自信了。

在后来的几次模拟考试中，同学们的成绩稳步提升且得到巩固。我和阿果阿俊一谈起来，心里感到欣慰和幸福。

四、临别赠言，星语心愿

中考的前一天，别的同学转给我一个精美的纸盒。一层一层打开后，里面是一个精致的磨砂紫色花瓶，满满一瓶子全是用手工叠起的彩色小星星。上边有一封彩纸写的信，长长的信里有这样的话语："幸福你的疼爱，感激你的疼爱，因为有了你，我才爱学习……"

里面还有一个个的彩色小纸卷，纸里面也卷上了一句句真诚的话语。这满满的一瓶小星星需要多少课余时间啊。懂事的孩子，用心的孩子，你不必这样，只要你能快乐进步，老师就满意了。我当时这样想呢。后来，刘张星以534分的成绩冲过了中考，仝嘉嘉也以五百多分的成绩，双双进入A类高中。两个班的整体成绩在年级名列前茅。"阿星"们收获的不仅仅是学科的进步更有健康快乐的心理。

秋期开学前，学生们还给我发来信息，表达对我的感激之情，并请我放心一定会好好学习。阿星在信的开头称呼儿是干妈，而我也一一履行诺言。临中考前两周，好多同学委托阿星让我为他们写留言。我怕写一个都让写，耽误同学们学习，答应放假为同学们补写毕业留言；为阿星新购置了一身衣服带上好吃的，去她的新学校看望她，并鼓励她尽快适应新的学习和生活环境，愉快度过高中生活。

又一个真情付出的学年。这一年，两个班孩子们的中考政治学科成绩出奇地好。平均成绩接近60分，有一个班60分以上的好几个（河南中考政治科满分70分）。那年全市第一是60分左右吧。

别了，我的"阿星"们。人生旅途中，愿你们一路顺风。

"因为有了你，我才爱学习。"教师和学生的心灵是相近的，这是我们每一个教师追求的师生关系的最高境界。这一段情缘成了我记忆中闪烁着的美好亮光。相信我的用心浇灌也一定能给所有的"阿星"们一滴清泉。

让学生喜欢我的课，让学生喜欢我任教的学科，让学生有终身学习的意识。我们一直在努力……

幸福其实很简单

这几天唐河的雪下得很大，多年来少见，大雪封路，上班继续，路面很滑，匆匆的路人多摔跤，只有身体和手不停地摆动才能更好地保持身体的平衡。

昨天公交停运，一直步行上班，一趟需要半个多小时的路程，一天很小心地走了四趟，感觉很累。今天早上出门时稍有点晚，心想坐公交吧，也能少累一点。就等啊等半个小时过去了，1路车就过去了两次，也不见6路车过来，三轮车也很少见。过来一个三轮，招了一下手，打劫呀，那么贵！再等一会儿公交吧，又等了一会儿，还不见公交过来，单位今天还有要紧事，说好了8点半开会的，不去不行。一会儿，主管领导打来了电话。可是公交还不来，已经快9点了。就又招了一下手，是平时三倍的价格呀，坐吧。

忙了一个上午，老公打电话来，说饭都做好了。步行到家时已是12点多了，很累很累的。见我坐那不想动，老公就说："我去给你盛饭吧。"吃完饭，歇了一会儿，一看下午1点多了，又得走了，步行，走慢一点得将近40分钟，老公说："下午我去接你。"

怎么去接，用电动车？路面很滑，根本不行。"年轻时你骑车的功夫很深，在结冰的道路上行驶自由，送我上班。现在可不行了，年龄不饶人。"

下午快下班的时候，老公打来电话说要接我。我说："算了，你就出来转一转，顺着我上班的路走，和我碰头后，咱俩慢慢走着回家。”

这一年来，他响应国家精准扶贫的号召，进村入户，承担扶贫任务和单位的要职，不是亲历，体会不到辛苦。我经常说，他给国家扶贫，我得给他精神扶贫。焦虑时开导，劳累时安慰，为了他能有个好心情好身体，我也算是间接地为国家精准扶贫做了贡献。这两天大雪封路，扶贫人员才可以稍微松懈一下。就在中午，接到一个信息还说是很要紧的事，只见又忙碌了一阵子。

从唐师口走出来就看见了老公站在路的那一边等我。因为忙碌，好久没有一起转转了。因为工作也好久没有开心地说笑了，总是早上起来早早去单位，早早地下乡，很晚很晚才回来，有时还得住那里，回来也是很累的样子。最近这一段，我想出了一个办法来逗他开心。他一回来，我立马说：“你坐下，我给你洗洗脸吧。”就真的接一盆热水，用热毛巾给他擦脸擦手，然后再和他斗嘴说笑。

看见老公后，我就加快了脚步，来到他身边，挽着他的胳膊，走在雪地上很大胆，也不怕滑了。偶有平地松开他的胳膊，再遇滑地，他的胳膊又很自然地递了过来。在东门口那么多卖菜的人，我整天从那里走过，这次好像看见人们看我，似乎投来羡慕的眼神。此时想到一句话，宁愿坐在自行车上笑，也不愿坐在宝马车里哭。路上又买了明天要吃的菜，经常在那卖菜的那个人说：“你俩一家呀？”我说：“怎么了，不像吗？”心想，我的老公看着不高，其实很高大。

老公两手拎着东西，我们一起回到家，我歇着，他又去炒菜了，一会儿，饭菜就做好了。

无语花自开，无言爱在心。这就是我的老公。

平凡人的幸福是如此的简单，幸福常在，只要用心发现。

（2018年11月27日）

·大地

片片泥块累厚深，土生万物思千载。身体和心灵都要在路上。『路虽迩，不行不至。』『思则睿，睿作圣。』行思不止，未来可期。

我爱北京天安门

“问渠那得清如许？为有源头活水来。”理论联系实际，能让思想品德课堂更具魅力。稍加留心，我们生活中的经历就可以成为课堂中珍贵的剪辑——

“我爱北京天安门，天安门上太阳升，伟大领袖毛主席，指引我们向前进！”小时候随口就能唱的歌。

北京一向是国人心中的向往，百闻不如一见。2006年7月，我和好友梅子一起带孩子们去北京游玩。绿皮火车、硬座、坏窗户、夜里冷飕飕的风，四个人挤在一起，一路欢声笑语。想让孩子们看看祖国的首都——北京，天安门，毛主席纪念堂，国家博物馆，航空纪念馆，清华，北大，故宫，长城……

荷塘月色话统一

7月12日游圆明园、清华大学、北京大学。路途不熟，来回多走路，最后到北大时天已很晚。

游清华时，在荷塘月色附近的一个转台亭子上，遇到清华一学生为我们讲解保护亭子、不乱写乱画的知识。我看他很认真的，就问他是做什么的，他告诉我是义务带团旅游的，并说带的是一个中国台湾来的旅游团，义务解说。我马上意识到这是一个搜集教学素材的好机会，抓住时机简单做了自我介绍并问："我可以'采访'一下他们吗？"生："可以。"

我和梅子就走向几个中国台湾女同胞，向一个老师模样的人微笑。

我：你好，得知你们是中国台湾来的，我很高兴，可以问你们几个问题吗？

台胞：可以，可以。（微笑）

我：你们希望两岸和平，祖国早日完全统一吗？

台胞：（神情诧异）

我：没关系，你们实话实说好了，说真心话就行。我是一位中学政治教师，关注国家大事，关注祖国统一问题，今天很荣幸遇到你们，我想把自己同胞的真实感受讲给我的学生听。

台胞：（一位教师模样的人微笑）行，好，我也是一位中学教师，相当于大陆的初三的老师。

我：那更好，我俩是同行。

台胞：我觉得现在两岸的关系不错，交流增多，比较方便，希望直航，直接三通，以更方便地相互交流、交往，共同……

我：共同进步，共享祖国的文明繁荣是吧？

台胞：对对对。

我："每逢佳节倍思亲"，每当清明节、中秋节的时候，你们会真的像新闻媒体上所说的那样那么地思念家乡，思念亲人吗？

台胞：这么说吧，我们是大陆去中国台湾的第二代了，我们对此的感受不如第一代从大陆去的人深。他们有很深的叶落归根情结。而我们，都希望社会稳定发展，两岸能正常交往，共享资源……

我：对对，我们都希望国家繁荣发展，人民安居乐业。（我面向一群学生）我们大陆人民更希望两岸早日统一，这是我们国家强大的一个标志，是我们的一个心愿。

台胞：是是是，对对对。

我：我们可以合影吗?

台胞：行行。

我：儿子，快来给妈妈和阿姨照相。［她“女儿”（看样子像是女儿，或许是学生）、我儿子都忙乎起来，留下了这难忘的瞬间。］

我：欢迎你们下次回来，到南阳去玩。

台胞：也欢迎你们到中国台湾去玩。

共同：好的好的。拜拜。

漫步荷塘月色，共话国家大事，积累课堂素材。回来之后我把这个亲身经历讲给我的学生听，于是，“实行‘一国两制’，实现祖国统一”这一课有了鲜活的素材，同时也对学生们进行了升入理想学校的生涯规划教育。

2007年春期，受邀出一套全县中考模拟试题，我又把这一经历，整理成文，结合教材知识，编辑成一道试题。真实新颖的材料，简洁巧妙地设问，那套试题我的学生们做起来倍感亲切，学科兴趣大增。

长城上遇外国人

7月22日，游长城。

人多，陡峭，上山容易下山难。最陡的那一段，下长城时我向下一看，腿都软了。“游人如织”“鱼贯而出”“络绎不绝”“接踵而至”，在此表现得淋漓尽致。

到半山腰时遇到一外国女教师带学生游玩。外语专业毕业的梅子和外国人对话很有优势。

梅：Hi，welcome to china.

外国人：Thank you.

梅：Take a photo with me?

外国人：Sure.

梅：Thank you.

（相互照相）

梅：Do you like china?

外国人：（用中文）我喜欢中国。

我们、外国人：拜拜。

到山顶时，遇上几个很阳光的黑人，我们给他们拍照，他们大笑，同时也给我们拍照。

梅：Take a photo with us?

黑人：Why?

梅：Welcome to china.

黑人：Thank you.（大喊Smail，Smail，Smail开始为我们照相。我们也为他们照相）

黑人：Where are you from?

梅：We are from Nan Yang. Welcome to Nan Yang.

黑人：Thank you.

我们、黑人：拜拜。

下午我们坐火车到市内就用了三个小时左右，在火车缓缓地停停走走的过程中又观看了居庸关长城及沿途的其他景色。

在北京，外国人随处可见。不同的国家，不同的肤色，不同的语言，但人们的心灵是彼此相通的，友好、真诚、和善、尊重、友爱等是人类的共同价值。

北京已经是一个“地球村”，可以看作是世界文化的缩影。

……

（本文摘自我的《北京游玩日记》，2006年7月写于北京）

石柱擎天

遇到同频之人，爬爬想爬的山，说说想说的话，谈谈想读的书，聊聊学生和课，无拘无束，谈笑风生。这样的时光闲暇，是一个老师向往的优雅。

目 标

近处有风景，家乡也很美。酝酿了一年多的石柱山和九龙湖一日游终于要成行了。4月24日是周日，春意明媚，阳光正好。走出家门，空气中透射着爽朗和开阔，心意自然美妙。

石柱山森林公园位于我的家乡唐河县城东35公里处马振抚镇境内，山体东西走向，长约40公里。公园内峰峦叠嶂，主峰石柱山海拔576米，山顶有两块大石屹立如柱，高约14米，故称“石柱擎天”，为唐河县八大景之一。柱有环痕，旧县志载，系大禹导淮治水系舟处。河蚌献瑞、鹰视苍穹、平湖醉春、金蟾祈福等景点雄、险、秀、奇、幽五景兼备，是修身养性的绿色世界，娱乐健身的天然氧吧。但公园里丰富的自然景观和人文资源还有待进一步开发。

错 路

驱车行乡径，草木悠然迎。感慨于生于斯长于斯然路不熟，不时下车问道。进了古朴的山门，人不多，自然就沿着盘山公路走去，大约半个小时就走到了路的尽头，这么快就上来了，怎么看不到“石柱擎天”巨石呢？一问这不是我们想上的主峰。高兴的是，也有一群人和我们一样走错了路。没有怨言，互相调侃：一张票却能登爬两座山。

谈笑间走下去，才看到进山门不远处，有一个很小的“上山道”标志，聆听小溪淙淙，跨过“红杉桥”拾级而上，幽幽山林清新之气扑面而来，草木高矮胖瘦相间搭配、姿态丰富摇曳生情，葱绿含笑喜迎宾朋。

“莫道君行早，更有早行人。”竟有不少的游人迎面而来。有的疾步下山，有的走走停停，擦擦汗、喘口气或是等等身后的人再一同前行。而那些和我们一样上山的，有的人向着山顶不断攀登，有的人开心地赏着风景……

石 盘

古树成人形，碾盘静诉说。只见一群人在这里停留说笑拍照，不禁驻足观望，原来这里有一棵千年古树，像是弯着腰在等候着游人在它身上停靠歇息。再看树的旁边还有一座石碾盘静静地摆放着，与弯腰驼背的老树构成了一幅吃力推碾的遥远画面，似在诉说着石磨石碾子往日的功绩。

很小的时候，记得每个村子里都安有几盘石磨石碾。庄稼人收获的粮食，大多要经过石碾、石磨的加工碾磨，才能做成熟食。推碾推磨的活儿，大都由家里的女人承担。在我的记忆里，我的祖母和母亲一天到晚围着磨台、碾台和锅台转，很少睡过囫囵觉，早晨鸡还没叫，就起床推磨，有时晚上要点着煤油灯，推到深夜。母亲经常教育我们：没有推磨苦，哪有馍饭香！

如今，不用推磨也能吃到可口的馍饭了，老百姓靠碾磨过日子的“石器时代”已成了历史。石碾盘警示我们：不忘过去苦，珍惜今日甜！

登 顶

闲云绕峰峦，花草笑开颜。经历峰回路转，曲径通幽，走走歇歇，在翻过一道山梁后，终于看到石柱山的主峰。走山脊，靠大石，登石阶，过峭壁，跨顶栏，石柱擎天的险峰，终于被我们的手抚摸。山顶的巨柱矗立，以颜真卿的书法写着“石柱擎天”四个大字，端庄厚重而又神采奕奕，拍照纪念，以示胜利……

极目向远眺，风爽情舒展。在山顶多坐了一会，身处大山的怀抱中，尽情呼吸着清新的空气，感受山风的无私和劲爽。四周望，水库环绕，山灵毓秀，辽远空蒙。我们在远离红尘喧嚣的宁静里，以一身的辛苦和疲累，换得了心灵的休整与放松。

思 课

登的是山，靠的是意志。

记得在教学七年级思想品德“扬起自信的风帆”“少年当自强”“为坚强喝彩”之后，有爱思考的学生问：老师，自信、自强、意志坚强都是一个成功者必备的良好心理品质，这几个关键词的区别在哪里？如何理解？到了毕业班的时候要对教材知识进行纵横梳理，又有同学对这几个词语不太好区别，我就联系到自己不多的几次登山经历，给同学们这样解释：

想象你前面有一座山，你的目标是登上去。站在山下，告诉自己我能行，我一定行。这是自信，是自己对自身力量的确信。信心满满专注爬山。自信是成功的基石。

崎岖坎坷不断攀岩体力消耗，但依然充满希望不怕吃苦，战胜自我，逐步登上高一级的台阶和山峦。自强是成功的阶梯。

读书学习如登山，成就事业如登山，实现理想如登山。登高山险峰必有悬崖峭壁，甚至洪水猛兽，更有奇花异草，风景曼妙。有艰难险阻，有各种诱惑，需要克服干扰，自觉果断、自制坚韧，磨砺意志、百炼成钢，越挫越奋、志向坚强，方能领略险峰无限风光。坚强的意志是成功的保障。

而后让同学们分别画一幅站在山下、山中石阶上、山顶看风光的画面展开联想……

课堂如登山，好课景无限。上山主要是体力劳动，同时也是心灵的考验。上课主要是脑力锻炼，同时也有体力的支出，但两者道理相通从登山中可以得到诸多启迪。

全国著名特级教师孙双金老师关于好课有个“登山”理论，我深以为然。他说：登山的过程是体力得到锻炼，眼界得到开阔，心情得到陶冶，人格得到升华的过程；上课的过程是智力得到开发，能力得到培养，情感得到陶冶，人格得到提升的过程。

由此，我们可以阐发开来得到许多启迪：

我们登山，登哪一座山是旅程的目标，登山能增长见识，获取技能，体验快乐，升华情感。我们上课每一节课都有每一节课的教学目标：情感态度价值观、过程与方法、知识与能力。要让学生登上知识的山，能力的山，情感的山；课堂要让学生感受什么是真正的真、善、美，让学生情感经受洗涤，价值观得到净化，这是思品课第一位的目标也是每节课要让学生最终登上的高山。

我们登山的乐趣在过程，过程中有苦有乐，领略风景；上课的乐趣也在过程中，苦乐交织，师生共同体验共享成长。好课特别强调让学生自己体验感悟，经历由不知到知、由不会到会的自主学习过程。让学生的思维和情感经历“山重水复”“柳暗花明”，体验“豁然开朗”的快乐。

登山的路径和上山的方式不同，获得的乐趣和达到的效果也不一样。路径由导游带领或登山者自己寻找，得到的体验各异。在平时的教学活动中，我们不要做蹩脚的导游，更不要包办代替。学习的路径和方法上，要放手让学生去思考选择、去尝试探索。在错误中感悟，在碰壁和摔倒中找到正确的途径，在自主探究中建构的知识体系、技能方法、情感价值才会终生难忘。

登山途中随时会出现预料之外，比如走错路，比如摔跤和碰壁；课堂教学中也会出现某些预设不到的小插曲，比如学生的沮丧和激进，比如断电等客观环境的突变。我们同样要有一颗宽容豁达的心随时等待和捕捉课堂生成的美丽，善待异样的风景，静待每一朵花开，让我们的课堂因生成而出彩。

……

下　山

“举头红日近，回首白云低。”登山览小、一柱擎天的感觉自然抒发，就好似找到了悠然仙界、淡定人间的极点！登山的妙处，也许就在于此吧！下山的风景依然如画，下山的道路真的像变短了。

涓涓山泉涌动而出，汇成唱歌的细流，偶有小孩在溪水玩耍。小溪里，金鱼在恬静怡情中欢快游动，山路随风蜿蜒身后。遇一石礅，我们坐下来休息，思绪随风而逝，仿佛要遗忘了回来的路程，永远置身在天地的怀抱。

已过饭点，九龙湖没人接待划船，也吃不到虎山的特色鱼宴，就愉快地转而品尝被央视报道过的中华美食——唐河井楼的手抓羊肉了，这也是别有一番滋味。

人 生

没有比脚长的路，没有比人高的峰。我敬佩于和我们相随上山的一家人，带着自己手工编织的统一形状不同颜色的遮阳帽，老幼相扶，一路谈笑陡峭坎坷脚下踩过。我敬佩于相约同道的友人们，路老师专注爬山的身轻如燕，吕老师碾盘打坐的禅心修炼，还有曲老师和李老师甘当司机、脚夫、摄影师的怡情和超然。同时也感慨自己从不因瘦弱而终止攀登的坚韧和从容。我们一起开怀大笑，谈天说地，言谈之中，都有份对生活的热爱和生命的坦荡与达观。

人生的路途与登山如此之像，没有真正的山峰，只有不断行进的人。不管道路如何，我们都需要不断前行。在行进的道路上，只要有一颗快乐的心，能够去领略生活的美好，感受生活带给我们的幸福就足够了。

要么旅行，要么读书，身体和灵魂，必须有一个在路上。旅行不一定要登多高的山，走多远的路，只要永不停下追梦的脚步，拥有一颗发现美的心，你会发现沿途处处都是好风景。让我们拥有一颗纯净的心去感受这绚丽多彩、峰回路转的人生旅程吧。

可以不登山，心中要有山。人生有个精神支柱，走到哪里都不会停步。愿我们每个人的天空青春永“柱”。我想，“石柱擎天”的意蕴也该有此吧！

（2017年4月28日）

金华的风

——浙江师范大学研修之旅

江南好，风景旧曾谙，能不忆江南？

随时随地江南雨，随心随性洒心底；大师讲座似落雨，学员修行如听禅；金华“禅”“雨”听入心，润泽中原教育人。细雨如丝，润如酥，醒了梦，新起点。

学习回来一周有余。心里总是觉得想写一些东西，总觉得好像有些话要说——

“写作像风一样吹过来，赤裸裸的，它是墨水、是笔头的东西，它和生活中的其他东西不一样……”闫学老师引用的玛格丽特·杜拉斯的这句话就像风一样吹进我的心扉，让我的心像风一样自由挥舞。

2016年10月11—14日，第三次赴金华参加中原名师培育对象秋季集中培训暨名师论坛。三次金华之行，心情大不相同。2015年7月，江南烟雨，初见的惊喜；2016年3月，再顾金华，身处其中，迷雾蒙蒙，反思回望，来路艰辛；2016年10月，三顾金华，多了份自信和坚毅，心情渐渐明朗起来……

三天的培训日程，任务驱动，日程满满。论坛和写作面试，课题开题论证和中期汇报之外，三场讲座，场场走心。

千里之外听讲座，幽默风趣又亲切，互动交流真问题，方言俗语随手拾。现场笑声起！河南省教研室杨伟东主任的教育科研讲座，针对性强接地气，其间还不忘告诉大家阅读对提升教科研水平的重要性。

闫学和张文质两位老师教育写作方面的报告，春风拂面，沁人心脾。两位老师虽不是河南的，但他们的名字我很早就在书中见到过，景仰过，没想到这次学习能近距离接触、面对面交流，并合影留念。

闫学老师讲座的题目是《教育写作突破教师发展的高原期》。闫老师真诚地诉说着自己的教育写作故事，那样地投入，那样地情真，会场上是如此的宁静……

娓娓道来的是她的温馨叮咛：

对许多优秀教师而言，似乎总有那么一段时期，找不到前行的方向，也找不到进一步提升的突破口，个人发展似乎停滞了。这种现象被称为教师发展的“高原期”。

高原期其实是阅读缺失的表现。是缺乏自我反思的表现，是过于专注教育的表现。当你听不到外面的声音，看不到外面的世界，你就难以进步。因此，不能把你的生活全部放在教育这一头，要倾听外面的声音。我们学校的老师，到外面游学，看到外面的世界，就会很不一样……

在谈到如何度过高原期时，她提出了这样的观点：写作是向上的天梯。读书与写作是教师专业发展的双翼。以自己教育写作的三个阶段来诠释这些道理。闫学老师说：

这些年写了好几本书，都算是教育界畅销书。由于这些书，我得以被更多的教师朋友认识，也开始在国内教育界有了一定的“影响力”。经常有老师问我的某一本书是怎么写出来的。其实，将自己对教育教学的思考在写作中表达出来，对我是非常自然的一件事。

朴实的话语，温文理性的表达。闫老师阅读与写作的心路历程给河南的名师们指明了前进的方向和路径，让我们觉得用文字来梳理自己的课堂实践，呈现师者的思想不再是海市蜃楼，而是跳一跳就可摘到桃子吃的曼妙耕耘。

张文质老师讲的是《从写一篇文章到出版一本书》。由于客观原因，张老师讲座的时间不长，但心中有人、字字珠玑，句句彰显对生命的尊重和关爱。

张老师和闫老师的写作有些不同，闫老师是主题先行，张老师是写着写着主题出来了。

张老师说，从写一篇文章到出版一本书，这是一个过程，这是一个自我发现、确定主题的过程。

他的写作也有三个阶段，且每个阶段都找到一个关键词。

第一个阶段，第一个词，就是“问题”。比如苏霍姆林斯基，为什么他在中国受到如此追捧？在别的国家却没有。这样想，这就是一个“问题”。去学校听课，看到老师的状态，看到教材中存在的问题，我就开始思考。他使用的方式就是“观察”与“回忆”。通过回忆思考，到底是谁造就了我？我到底是一个怎样的人？

第二个阶段，找到的词是“生命”。对生命的“成全”，成全一个可能健全的生命。到学校开展“生命化教育”的研究。这个阶段的阅读是和教育有关的阅读。第一点是“理解”，理解现状；第二点就是“建设”，要以建设者的角色看待教育。

第三个阶段，找到的关键词是“童年”。他发现人的一生童年是最关键的，童年的幸福意味着一生的幸福。童年幸福的家庭，会直接影响到他和周围人的关系，他和儿童的关系。推荐阅读蒙台梭利《童年的秘密》。

张老师的讲座充满了哲思睿智，他写作的每一个阶段都离不开对生命的思考。教授了写作的知识、开启了写作的智慧，润泽听者的生命。这就是他的生命化教育的缩影吧。一个诗人、学者、教育家的生命情怀。

没有阅读的教科研是什么样的？没有阅读的写作是什么样的？没有阅读的课堂是什么样的？没有阅读的生命是什么样的？杨主任启发大家阅读，闫老师倡导大家阅读，张老师教导大家阅读。

阅读，愉悦身心、启迪智慧、润泽生命。开启自由的阅读之旅，是名师的必定行程……悦读，让我的脚步越来越轻松；悦读，定会让我尽情地挥洒自己的笑容；悦读，梦想就会像风一样越来越近越来越温柔……

（2016年10月）

大美青海

——青海师大附中研修感悟

中学里的景，蕴含大学里的人文美；大学里的人，在中学里干事创业显修为。附中记忆，人景合一，景中有人，人中有景，内蕴大美，外显修为。

夏季是青海最美的季节。有幸作为2017年中原名师暑期高级研修班的一员去西部进行学术交流。我们考察交流的学校是青海师大附属中学。附中的校园花木繁茂，典雅朴实，处处散发着浓郁的人文气息。在青海师大附中，听了四场讲座。讲座之一是教研处主任陈荣兵老师所做的《内蕴大美外显修为——大美教育思想引领下的青海师大附中课程建设》，讲座之二青海师大附中办公室主任刘海的《天问：何为教育之大美？》，讲座之三是青海师大附中高中政治老师陆辉的《附中与我》，讲座之四是青海师大教育学院一位教授的《学校组织行为管理》。听讲座，有思索，这是一所大学里的中学，又是一所中学里的大学。

四人的讲座从不同侧面反映了青海师大附中“内蕴大美，外显修为”的办学理念。讲座风格虽因个性特征和学识魅力而不同，或娓娓道来，或激情澎湃，有引经据典，有联系实际；有大学教授，有领导老师。但他们的讲座都深深感染了我们，让我们感到他们的热情朴实、不事张扬、真做实干，对教育事业的执着追求和满腔的热爱。第一个讲座的陈老师，从河南之美讲到青海之美，青海之大，文化之多元。接着讲了学校的大美教育思想：圆成之美，尚德之美，兼济之美，致性之美。学校提出来：国家课程校本化，校本课程国家化。培养学生会写一手好字，会弹一个乐器，会一项体育运动，会写一篇好文章，会一种棋类活动。他们开展的常规教研活动也有课赛、师徒结对、课题、影子校长的培训等。讲座之二青海师大附中办公室主任刘海的《天问：何为教育之大美？》，他从五个方面做了回答：基于对附中办学传统的尊重与重新发现，基于对大美青海地域文化的回应与认同，基于我们对教育的理解和对教育目的的思考，基于学校12年一贯制的办学优势，基于附中在青海教育中的责任与担当。这两位老师慢慢地讲述、娓娓地道来，话语里体现的道理清晰、实在，有高度又接地气。

讲座内容内蕴大美外显修为，理念新，与时进。刘海老师的讲座里借屈原的《天问》，钱学森的时代之问，从“天问之因”“天问之内涵”“天问之做法”等方面，以学校的行动回答了对教育的本质是什么，中国教育从哪里来，要到哪里去，培养什么人，如何培养人的时代教育之问。还同时体现出了学校独有的校长人事与管理风格。校长提出附中是“大学里的中学，中学里的大学”。讲座四里青海师大教育学院一位教授的《学校组织行为管理》。从心理学和组织行为学的理论高度讲到学校的管理。这些办学思想和理念都是符合时代发展的新要求，理念新，方向明，具有时代性。

培养目标内蕴大美外显修为，体现中国学生发展核心素养。青师附中还肩负着青海省的课程改革样板学校、影子校长培训基地等重任。教育是什么？他们提出的教育就是尽可能地遵循人的身心健康发展规律。教育为什么？目的是人的全面自由发展。如何实现好的教育？启迪智慧。“人”要成为一个大写的人，应该张开双臂，有致性成功之美，还要能当兼济公民之责，还要有致性成功之能，圆成生命之基。大美教育的路径与方法：顺天致性、智慧地教、高效地教、全面健康地发展。顺天致性：对人的成长规律的尊重，对人的成长性呵护。对学生的要求：自主发展——阳光灵气、社会参与——有责任有担当、文化基础——文质彬彬。这些对人的要求高度契合了中国学生发展的核心素养。

陆辉老师内蕴大美、外显修为，满腔爱心，泪洒教育。青海师大附中高中政治教师陆辉的讲座《附中与我》分三个篇章。第一章是我的1987，第二章是我的1997，第三章是我的2007至今。讲述了自己毕业到现在32年时间，和树木花草一起成长的故事。用他的话说："花草树木正繁茂，而我却渐渐老去。""感情深处，自己的血液已紧紧留在了附中……"

存在决定意识。这个个子不高其貌不扬的老师，他的个人成长经历讲座深深地感染了我们在座的每个人，跟随他的讲座，抑扬顿挫，高低起伏，思考担忧；动情处为教育泪洒现场，引得我们也眼圈红肿，悄悄抹泪……

他说："附中领导和老师以敏捷卓远丰厚宽诚的办学思想，指引我坚定了自己的职业理想，教育我从基础教学工作做起，成为一名能够专心致志开展教学工作的合格中学教师。"他说："附中和谐民主的师生关系、开放多元的办学模式成就了我事业的顶点与辉煌，让我真正体会到了作为一名普通教师的开心与快乐！"

附中"思诚明善"的德育教育体系，致性之美、尚德之美、兼济之美、圆成之美的"四美"教育思想，让我真正认识到了教育的本质就是"爱"。

他把自己的成长、成功和成就归功于学校，归于领导，归于自己的同事，自己的学生。他说：教育的本质就是爱，师生互爱！不是吗？

苏霍姆林斯基也说过：爱是教育的灵魂，只有融入了爱的教育才是真正的教育。是的，我们只有用心实践爱的教育，爱之花儿才能悄然开放。由此想到，我们工作室团队的格言是，爱之花儿开放的地方，生命便能欣欣向荣。

此次学习研修，让我和同伴们认识到：

无论是学校的办学思想，还是团队对未来的支撑，或是陆辉老师个人成长的故事，都是在用心教书，用爱育人。

一所好学校要有明确的教育思想，先进的管理制度和完善的课程体系。这三者相辅相成，缺一不可。作为一名普通的老师，我们要在班级里，自己的学科教师群体里，自己的工作室团队里，审视自己的过往，重建自己的文化体系和管理体制，要用爱心和创新迈开新的步伐，开辟新的教育天地……

温州行 教育情

——2017年春季集中研修感悟

1. 缘起

中原名师培育工作重在培育、重在考核，周期性孵化、混合式培育、任务式驱动、阶段性认定的培育模式为我们提供了高端、远程、精新的一道道教育大餐的同时，也让我们经受了身体和心灵的挑战与考验。

2017年3月28日至4月1日，2013—2016年中原名师与2017—2020年中原名师培育对象进行2017年春季集中研修。

四顾江南，想再撑一把小雨伞，从容感受水墨山水雾蒙蒙的真画卷……

前三次培训都是在浙江师范大学进行，这次的培训改变了地方，是在浙江温州。

温州，是地图上的名字，是我们上高中时地理课本上熟记的沿海开放14个港口城市之一，“大秦天烟、青连南上、宁温福广、湛北”。那时就这样记住了温州。它是我国对外开放的前沿，海边的城市。

再后来，温州皮鞋、温州老板、温州经济、温州服装、温州房价……这些关键词构成了内地人对温州的印象。经常想象，温州的天、温州的海、温州的人离我们是那么的遥远……

经历了一天半的周转劳顿，终于在3月28日下午5点多到达温州火车站。

报到处、餐厅里，熟悉的面庞，亲切的问候，传递着“你们的著作刚出版”“他们明天参加完开班典礼，就启程参加特级教师的答辩”这样的信息，一举一动亦风景，一言一行教育情。

温州我们来了，感受你的开放与包容，感受你大海的宽阔和安然，感受这次地点变换带给我们新的惊喜。

2. 途中

我和桐柏李老师碰巧乘的一趟车，分别从我们各自所在小县城的火车站上车。李道玲老师是今年的重点培育对象，这次来培训有着特别重要的一项任务，重点培育对象进行课题立项考核答辩，顺利通过后，项目办聘请专家下一步再进行实地考核，通过后，方可认定为2017年度中原名师。因此，这次立项考核答辩能否通过是关键的一步。

刚在火车上坐定，李老师就拿出自己准备好的课题立项材料，一句一句地读，一段一段地修，句子的通顺与否，语言的抑扬顿挫，概念的内涵和外延，字斟句酌，读到动情处，配上手势，声情并茂，引来其他乘客的好奇和称赞。一位女乘客忍不住拍照攀谈……

在与李老师相对而坐、切磋稿件的时候，我也逐步走近了她的课题。对我们相邻的县城——桐柏的佛道文化、淮源文化、盘古文化、红色文化等有了进一步的认识和理解，对幼儿园活动的开展、幼儿社会性的表现有了初步的理解。在此基础上，我们一起对课题研究的价值和目标、课题研究的路径和方法、内容和创新点等问题来一个模拟的提问和交流……

心心念念考试题——

作为一个教研员，除了平时的上课、听课及其他常规工作外，还有一项重要的工作，就是承担着县里初中三个年级期中期末考试的出题任务，出考题既是一门艺术又是一门技术活，这需要一个长时间的思考和布局、精编和修改，是一项重要又需时间的细致工作。

眼看着时间一天一天地流逝，离交替的日子不足两周了，前天刚发到手里的中考《说明与检测》还没有来得及看。今天也终于在火车上完成了2017年《说明与检测》与2016年《说明与检测》的比对，对新增和删减的考点内容做到了心中有数，为出好模拟题做好了方向性的把握，还对这次一共要交的四套考题的谋篇布局设想了一番，还搜索了3·15晚会的资料，近期领导人的出访……

车站旁小餐馆——

今天我们是早上4点多从杭州下的火车，坐等9点多达温州的火车。走进车站旁的“李先生美食”餐馆。上次来杭州，就在这里用餐并休息，李先生好像也认出了我们。

早餐时间还早，休息了一会儿，只见李老师再次掏出材料，认真地准备起来……

善于学习的态度，抑或是我们年龄不小还这么童真的笑意和行动，惹得两个小服务生忍不住地看着我们笑……

名师班，炼丹炉。

“8个多小时的车程，能完成两三篇文章的修改，平均3个小时修改一篇，这几万字的阅读和修改，成了路途中最大的收获，听着歌，看着文章，适时看看沿途风景，时间瞬间快了很多！”

这是下午4点左右，名师班同学刘忠伟老师发的“表情符”，他配的图片好眼熟，这不是我的文章吗？细看真是的，原来他是受邀在途中修改上次名师论坛的稿件，以备结集出版。这位同学年纪小可不简单，第一次论坛发言大家就都对他刮目相看。

不一会儿，中原名师家园公号里，又蹦出来一篇新鲜的文章《活化能》，这一定是无私奉献的公号管理者李国胜老师在途中辛勤劳动的结果。

一稿一稿，一标一点，符号图片，精益求精，他们的行动和精神是同学们精神的集中展现。借用葛老师的话："我获得了活化能，今天我好像被活化，感觉精神很振奋。"此时我想说：不只是你、我，是咱们班所有人。

小鸟在蓝天飞翔，列车驶向远方，旅途中有喜悦和风景，疲惫和辛劳，有家人的牵念和问好，还有我们对教育的切磋和思考……

3. 研修掠影

距离豫派实践型教育家还有多远？这是本次中原名师春季培训的主题。是嘱托，是鞭策，是追问，是思考……

学术报告精辟。

29日上午下半时，是浙江师范大学教授姜根华和吴惠强两位老师的学术报告。姜老师报告的题目是《教师成长的十个关键词》。这样的题目看似平凡，这样题目的报告也听过。但是，姜老师一开讲，却深深地吸引了在场的每一个学员，理论与教学实践的结合，学术性与应用性并重，生活与学科的融合，会场上很静，结束时大家还觉得意犹未尽。

要有广阔的学术视野，要有厚实的理论素养，要有深刻的专业认知，要有不断涌生的教学创造力和探险精神，要有不断创生的教研表达活力，要有丰富的生活史，要总结出可复制、能推广、有价值的教育经验，懂得放弃，脚踏实地，大爱学生。

吴惠强教授的报告是命题作文《名师是怎样炼成的》，吴教授在和老师们的互动中开始。用了八个关键词启发思考，引领成长，他的关键词是：评选、锤炼、成长、思考、实践、互动、影响、设计。

两位教授的关键词让我们的视野一下子开阔了起来，要想成为河南教师队伍攀升体系中一名合格的塔尖教师，就要努力提高理论水平和学术修养、教育科研能力、课堂教学能力，要有自己的教育思想和教学主张。没有深厚的积淀，没有长期的浸染，没有丰富的生活史，何来"腹有诗书气自华”，何来课堂和讲座上的纵横驰骋，驾轻就熟。没有脚踏实地的干劲，没有对学生无私的爱，怎能站稳三尺讲台？怎能将自己的教学思想和教育理念传播？

丁主任在总结时说道，今年启动学科共同体计划，抱团取暖，共同发展。共同行动中你的主体意识体现在哪里？体现到什么程度？是脱颖而出、积极跟进还是被动跟进？你离豫派实践型教育家还有多远？语重心长，发人深省……

本次中原名师春季培训历时3天，除了聆听导师报告，还有系列培训内容：24位年度重点培育对象进行课题立项考核答辩；举行豫浙名师论坛，这次论坛的主题是《教学主张——名师教育思想的内核》；30余位中原名师或中原名师培育对象参加教育写作计划集中交流与辅导，启动中原名师学术著作出版工程；根据任教学段的不同，分别安排学员到温州市8所优质学校进行教学考察与交流。

校园诗意雅致精细。

这次培训项目办安排了我们初中段去温州第二实验中学考察交流。

3月31日上午，蒙蒙细雨中我们在学校领导的带领下参观了温州第二实验中学。其实前两天的培训活动就在学校的多功能报告厅进行，然任务紧，车来车去，紧赶时间，无暇参观，今得一睹芳容。

校园面积没有我们那的一般学校大，但布局合理，小而精致。教学区、行政区、生活区、运动区等分区合理，功能明确，各区连接流畅，起承转合，过渡自然。

在学校领导的带领下，目不暇接，流连忘返。综合楼、教学楼、行政办公楼有连廊互通，与学生公寓、师生餐厅浑然一体，错落有致；建筑群色彩淡雅，仪态大方，现代化的建筑和面积不大的绿地交相辉映，富于现代气息和典雅意蕴。微波荡漾的鱼池，又给了校园无限的趣味和灵气。

学校的特色是创客教育。有两位学生通过自主设计制作的斑马线报警系统获得了全国中小学生创新大奖。学校还组建了创客团队，成立的“未来实验室”，创建创客活动中心，机器人实验室、木工实验室、缝纫室、手工室、自行车组装修理室等各类专用教室进一步丰富了学校的创客课程体系。

学校的地理教室、劳技室、微机室、音乐教室、美术教室、舞蹈教室、科技活动创意教室一应俱全，学校还利用楼顶建设生态园，利用一楼大厅布置琴棋书画空间等。据介绍，这些大都是在老师的指导下学生自己的创意作品，有的还是废物利用。真是处处皆风景，景景皆育人。

跟随学校领导的步伐，听着学校领导温文的讲解和对创客教育的专题介绍，在场的老师们无不感慨：诗意雅致精细化的管理，孩子们在这样的生活化、诗意化、精细化、低碳化的环境中生活和学习，该是多么的幸福和快乐！

到第三节课的时间了，我们按照计划分文理组分别去听一节课。我们文科组听的是八年级的一节语文课“香菱学诗”，授课的是一位不足四年教龄的年轻男教师，学校这样安排的目的该是促进青年教师的成长吧。

这位老师的课没有用任何的教学模式和形式热闹的小组讨论，然而又是那样的真实。个人认为：课堂定位准确，启课自然新巧；一步步走进文本、走近人物内心，启发学生在找中悟，在读中思；结课引发思考，整个课堂真实自然。虽然在交流环节老师们提出了不同的看法，但整节课由平实到雅致的意蕴得到大家的一致认可。

一方水土一方人，这样的校园环境孕育了这样的课堂风格。这样的风格，引发我们对课改课堂的思考和课堂教学的改进……

4. 匆匆

特别的培训，遥远的旅程。来也匆匆，去也匆匆，三天的培训日程结束，带着向往，带着思考，各自回到平凡的工作中。

读万卷书，行万里路。中原名师班是一场心灵的旅行，这一程程充满挑战的旅途，让我结识了不同地区不同学段的同学们，看到了发达地区更高层次的教育景观。在这个舞台上我们尽情地汲取新的教学理念、教学方法，聆听着专家、教授们精辟的讲解。短暂的行程中，我们相互交流，收获着知识，收获着喜悦，收获着友谊，分享着智慧，享受着成长的快乐。这一切必将为我们的工作和生活打开新的一扇扇窗……

余姚·知行合一

——余姚研修感悟

2017年11月16—20日，中原名师及培育对象秋季集中研修在浙江余姚市举行。只知道，余姚市，隶属于浙江省宁波市，是浙江省历史文化名城。如果不是这次行程，余姚在我的记忆里将永远是地图上的名字。

遇名人，增文化底蕴

不知从什么时候起，旅途总有一本书伴随，哪怕不看，与书为伴，亦是美好。这次也不例外，匆匆收拾行囊启程之时，想从儿子的书柜里找一本携带方便的小本，目之所及，几小本国学经典进入眼帘，随手拿了一本《传习录》启程。

旅途中随手翻看，前言第二段，王阳明（1472—1529），幼名云，后改名守仁，字伯安，号阳明，谥文成，世称阳明先生。汉族，浙江绍兴府余姚县（今浙江余姚市）人。明代最著名的思想家、教育家、文学家、书法家、哲学家和军事家……

浙江余姚人，这位大哲学家是浙江余姚人？！感叹自己知识匮乏或健忘的同时，又庆幸在这个旅途中碰巧带上反映先生思想的作品《传习录》。能够初步了解王阳明思想的精髓——“心即理”“致良知”和“知行合一”。

从秦代以来，余姚涌现了许许多多彪炳史册的历史文化名人。东汉时期高风亮节的严子陵，明代著名哲学家王阳明，明末清初著名学者黄宗羲，中日文化交流使者朱舜水，当代著名学者余秋雨先生，等等。余姚因此享有“姚江人物甲天下”“东南最名邑”和“文献名邦”的美誉。

走在余姚的街上，看到纪念王阳明的“阳明路”和“新建路”，王阳明在平定宁王之乱后被封为新建伯；纪念黄宗羲的“梨洲路”，人们尊称黄宗羲为梨洲先生；还有“舜水路”“子陵路”和“世南路”；等等。路路都散发着历史的呼吸，阳明山，阳明公园，余姚博物馆，余姚名人馆，阳明故居，处处洋溢着山水的灵气和文化的气息。

“邑有句余山，又南有姚江”，故名余姚。到余姚不能不去的地方，是人类文明的历史源头，位于余姚境内被中外历史学家视为奇迹的河姆渡遗址，距今已有七千多年的历史，是长江流域母系氏族繁荣时期的代表性遗址。

漫步在河姆渡遗址广博的自然、人文空间里，仿佛穿越时空隧道，亲身体验先民的原始生产生活方式，编席子、种稻谷、挖水井的场景和群居生活的复原图，让我们感受河姆渡灿烂的史前文化，感悟先民的勇敢、勤劳、智慧和他们的创新精神、坚忍不拔的意志。就自然会想到正是姚江两岸无数先民的勤劳智慧孕育了悠久的历史和灿烂的文化。而这些源远流长、博大精深的文化孕育了余姚的民风校风，才使余姚的教育创造了一个又一个的“神话”和奇迹。这些奇迹都是“知行合一”的有力证明。

访名校，寻经问道

11月17日，全体参会教师和河南省各地市师训科领导、教研室主任，分组对浙江省余姚市名校考察学习。

初中组考察交流的是余姚实验学校和姚北实验学校。通过走访、参观和听学校领导介绍等多种形式，全方位、多角度地接触和了解了这两所学校的领导、教师、学生和课堂。

余姚实验学校是一所年轻的九年一贯寄宿制民办学校。学校培养学生“人格健全、学业优良”的办学理念给我们留下了深刻印象。他们的一套心理健康教育机制和管理模式令我们深受启发。多年来省一级重点中学升学率遥居全市之首，创造了民办中学的教育“神话”。现在这所学校是华师大教科院实验学校，浙江省中小学计算机等级证书培训与考试基地、浙江省剑桥少儿英语培训与考试基地，全国写字教学实验学校、国家基础教育实验中心外语教学研究中心实验学校、全国围棋育苗基地、国际机器人奥林匹克培训实验学校。

姚北实验学校是浙江余姚工业园区为了推进教育均衡化发展，以“服务园区发展，促进和谐宜居新城建设”为目标投资建设的余姚市第一所九年一贯制公办学校。两所学校性质不同，但最终的育人目的是相同的。这两所学校都牢牢遵循着“校风育人”的思想，凸显校风的导向作用、动力作用和保证作用，领导的主心作用、教师的主导作用和学生的主体作用都得以充分发挥。优良的校风，有强大的动力功能，他们用学校的校风建设统率内部管理，促进素质教育的全面实施，推动教育教学质量稳步提升。

校长是一个学校的灵魂，校风育人是学校的核心，也是学校发展的不竭动力。

两所学校的校长汇报，各具特色，但都体现着精致化的教学管理。我们通过走访、观察、听领导报告等形式，发现校领导的一系列工作都做得严、做得实、做得精、做得细、做得有效。校领导都是从最普通、最平凡的事做起，每一位领导都视学校为家，都在为这个家无私地奉献。

精致化教学管理是一门艺术，一门管理教学人员、教学对象、教学过程和教学研究的艺术；姚北实验学校的吴校长向我们展示了学校的广播操比赛、学校运动会的精美视频，令我们赞叹。“我们的校长和姚北实验学校的校长一样都姓吴，都是有思路、有能力的好校长。”我把这句话说给了姚北实验学校的吴校长，顺利地要来学校的管理资料。把这里适合我们学校发展实际的精华带回去为我们所用，也让我们的教育视野更开阔，祝愿我们的学校明天更美好。

课堂改革不玩花样。在两所学校分别听了两位老师的课。两位老师所执教的课堂都能把教师的“教”和学生的“学”有机结合起来，从而实现教学的有效。老师们所认同的“朴实”教学，既有知识性的内容，也有能力性的训练，还有创造性的拓展。在评课交流环节，我们发现他们的教学理论、教学内容和教学方法都有各自的独到之处。学校的校本教研有针对性且主题明显，无论是执教者还是评课者，都有鲜明的研究主题和目标，校领导的评课也是针对性强且目标明确，站位高端，对教者充满了鼓励、信任和期盼。在浓郁的学习氛围中，他们体验着成功的喜悦。每年有那么多的学生升入高中学校，校史馆里陈列着学校许多老师教书育人的著作，老师和学生同样享受着成功的喜悦。

《传习录》里先生这样说：“惟一是惟精主意，惟精是惟一功夫，非惟精之外复有惟一也。”“知者行之始，行者知之成。圣学只一个功夫，知行不可分作两事。”

研学问，修身静心

王阳明是中国古代集大成的心学大师，创立“姚江学派”。王阳明的心学不是悬空的，只有把它和实践结合起来，才能为己所用。读书，行路，访名校，阅名人，增厚自己的文化底蕴，吸收先进的思想，方能为自己的工作和生活增添知识基础和精神力量。

满满几天的课程里，河南省教育厅中原名师项目办丁武营主任《中原名师项目的创新机制和品牌影响》、河南省基础教研室杨伟东主任在老师们课题中期汇报的质疑解难、指点迷津，浙江的吴加澍教授《做一个有教学主张的教师》和郑文哲教授《做卓越的中原名师》的专题报告，浙江老师们的授课评课艺术，也都让我们感受到在他们的身上处处体现着“知行合一”思想和行动。

浙江义乌70多岁的吴加澍教授通过自己一辈子的教学实践经常思考四个问题：为何教，为谁教，教什么，怎么教。引发一系列教育哲学命题，为何教就是价值观，为谁教就是学生观，教什么就是课程观，怎么教就是教学观。对这些哲学命题的回答构成了吴老师的教学主张：为何教——从知识本位回归到学生本位；为谁教——把属于学生的东西还给学生；教什么——从学术形态深入教育形态；怎么教——让学生重演知识的发生过程。我们要把这些经过长期思考而悟出来的教育信念，内化于心，外化于行，构建自己的教学哲学，形成自己的教学主张。

吴教授的讲解纠正了我们对教育理念和教学主张的一些偏颇的观念。启发我们思考自己的课堂，构建自己的教育哲学，提出自己的教学主张，实践自己的教学主张，丰富和完善自己的教学主张。

教育教学、教育科研，我在哪？要到哪里去？名师工作室建设和辐射引领，我在哪？要到哪里去？工作室的本地成员、外地成员都在哪？

要到哪里去?

要做有理想信念、有道德情操、有扎实学识、有仁爱之心的“四有”教师，我在哪?要到哪里去?

坚持教书与育人相统一，坚持言传与身教相统一，坚持潜心问道与关注社会相统一，坚持学术自由和学术规范相统一。我在哪?要到哪里去?

我在哪里?是知。要到哪里去?是行。如何行?如何做到精?继续修行在途中。

※　※　※

回想名师班每年两次的集中研修，从浙江金华到温州，杭州到余姚，一次次氤氲在江南文化的烟雨里，越发地感受到沿海与内地、城市与乡村教育的差距，不仅仅是硬件的差距，更重要的是软件的差距。更越发地感受到自身学养和底蕴的浅薄，需要读的书，需要做的学问太多。

陆澄问：“知识不长进，如何?”

先生曰：“为学须有本原，须从本原上用力。”“立志用功，如种树然。方其根芽，犹未有干，及其有干，尚未有枝，枝而后叶，叶而后花、实。初种根时，只管栽培灌溉，勿作枝想，勿作叶想，勿作花想，勿作实想。悬想何益?但不忘栽培之功，怕没有枝叶花实!”

怀想王阳明先生那颗空灵的心，传道，修习，知行合一。

舟山·风景曼

——中原名师2018年春季集中研修感悟

“学习，可以比喻为从已知世界到未知世界之旅，在这个旅程中，我们与新的世界相遇，与新的他人相遇，与新的自己相遇；在这个旅程中，我们同新的世界对话，同新的他人对话、同新的自己对话。”我觉得，用佐藤学《学习的快乐——走向对话》中的这段话来印证此次研修，最为恰当。

2018年3月27—31日，中原名师春季集中研修活动在东海之滨、美丽的浙江舟山市举行。从舟山返回将近两周，在完成一个个工作任务的间隙，脑海中萦绕的是这次集中培训难忘的经历。长长的往返旅程，密集的培训安排，还有那隔窗掠过的风景，必将成为我们职业生涯中留存的美好剪影。较之前几次集中培训，有这么三个关键词，好似珍珠，“用心摘取”“体味把玩”“感悟颇深”。

轮船：把我们摆向彼岸，送回此岸

天边的太阳在凉爽的微风中终于冲破云雾，露出了笑脸。3月28日上午将近9点，舟山群岛，朱家尖码头在睡意蒙胧中顿时喧闹起来。预备开船的广播响起，滞留的人群潮水般地涌向售票厅和候船大厅……

有勇气说出来，这人群里面就有我和同伴李道玲老师。我们同行于27日中午抵达报到地——舟山南洋国际大酒店。返程票已买，返回后还有任务在等待。看看培训三天的安排很密集，下午还有时间，就决定去普陀山“到此一游”吧。顾不上吃饭，热心的酒店前台姗姗帮我们叫了滴滴到车站。又辗转坐车到码头，待乘船到达普陀山，已是下午3点。

看过景点指引图，要赶在晚饭前返回，只有一个选择，抓住主要，就去拜拜南海观音吧。中国古代说的南海，是长江以南的海，南海观音的家就住浙江舟山普陀山，这是一个蕴含美好祈愿的朝圣之地。默默的人群，虔诚地祝福，云海缭绕，向往永远。我抬头的那一刻，更加明白：勤劳和善良总会和好运相伴。那个栩栩如生、慈祥微笑的面庞，是对我的心灵回应。

山脚的油菜花正开，几个青春少年在里边，也去凑个热闹吧。海边的沙滩，是真的海的沙滩，下去逗留一会儿吧。海风吹来，自由自在，凉爽宜人。缓慢行走中，不经意间抬头向前，看见一团团大雾从山间走出来飞奔向海。不敢逗留，赶快回转。此时下午5点多一点。售票厅和候船厅外响起了播音声：因大雾原因，普陀山开往各港口的船全部停航，何时开航等待通知。广播声不断，雾气越来越浓重。通过和当地居民的交流我们知道，这样的大雾天气是很难在夜间最后一班船开前消散的。找了一家面馆吃饭，巧遇一群善良的河南老乡，又帮我们找到了南阳老乡经营的旅馆。第二天返回途中，出租车司机告诉我们：太幸运了，这样经济又实惠的旅馆，在这样特殊的日子是想也不敢想的，有时搬个凳子坐一晚上就得好几十元甚至上百元的。是的，早上起来看到路边的地上还放着成堆成堆的行李，这些游客们说不定夜里还在挨饿受冻哪。早上醒来的时候，旅馆的过道里还堆放着好多行李，行李的主人们在餐馆里坐着……

热心的出租车司机还告诉我们一个在他乡生存的技能，南阳人杨秀清在舟山做公益很受欢迎，他就是杨公益团队的成员之一，以后无论到哪里遇到困难，网上搜一下当地的公益组织，就会得到帮助。无私奉献，热心公益。这些经历不就是很好的课程资源吗？

度过了一个夜晚的孤岛时光，好在有伴能商量。如潮的人群在安保人员的指引下快速有序地购票候船，没有慌乱，没有嘈杂声。

当登上船舶，当船舶驶离普陀，驶向海域，到达码头。给我的感觉就像看到《战狼2》里的镜头，利比亚撤侨的画面里，同胞们返回祖国的安全感、自豪感和爱国心。“中华人民共和国公民，当你在海外遇到危险时，不要放弃，请记住，你背后有一个强大的祖国。”公民在国外尚有保障，在国内当然更安稳。

惊险中的幸运，忐忑中的安宁。错过了开班典礼，没有聆听到省厅项目办领导的嘱托和教授的讲解，我们从同伴的分享中适时地了解到上午的精彩。

感谢领导的宽容，没有受到批评；感谢同伴的关心，争相询问，看到我们平安返回，高兴欣慰。善良总会遇到善良，美好也总是与美好相伴！

轮船，把我们摆向彼岸，送回此岸。这个特殊的经历，让我联想到，中原名师项目，就像一条大船。通过集中研修，分层递进，模块培训，任务驱动，读书写作，课题研究，让我们看到彼岸花开，联系实际，反思梳理，返回故里，在自己的教育教学园地里，脚踏实地，创生新的教育故事。

窗户：让我们望向世界，心向往之

苏霍姆林斯基说：“如果你想让教师的劳动成为他们幸福的生活，

使一节节课不至于成为教师单调乏味的义务，那么你就把教师们引到从事教育科研的幸福道路上来。”

毫无疑问，教育科研是一线教师通向教育自由幸福的必由之路。然而，这种幸福自由是通过焦虑、阵痛、反思后才能收获和珍视的。

这次集中培训，我还有一项课题答辩任务。说来真是意外，中期汇报去年春期已过，由于课题延期，意外加一次，疏忽大意，再加一次，这也是我职业生涯次数不多的一件糗事。这次特殊汇报让我格外留心。再一次走进课题，梳理课题研究中的成果和困惑。由于白天研修任务很紧，只能连续两个夜间加班，制作修改课件，添加活动图片，核对数据分析，梳理理论和实践成果，修改结题报告，查找研究存在的问题和努力方向。明晰汇报的思路，斟酌汇报的语言，一遍遍地默念和调整，基本做到了心中有数。

答辩安排在30日下午。感谢专家组一开始就为我们营造了轻松和谐的氛围，我和同伴们的紧张感瞬间缓解。连日来辛苦的准备似乎是没有必要的，其实，准备充分，才能轻松应对。看着自己精心制作的简洁课件，竟然自由自在地和专家对话交流，阐述课题研究中我们学科的教育现状及通过课题研究我所追求的教育教学图景，微笑中汇报完毕，愉悦中聆听专家切中困惑问题的建议和高屋建瓴的指导……

那一刻，收获的是付出心力后的轻松和喜悦。也让我明白，无论做什么事都得投入和进入角色，来不得半点的马虎和应付。上一次，如果我不是车票买得早赶时间匆匆离开，如果我进入课题、进入角色……课题研究有规范的程序和学术的严谨性，需要理论和实际的紧密结合，课题人需要有一种精神——课题虐我千百遍，我待课题如初恋。做课题，众里寻“他”千百度，蓦然回首，“那人”却在灯火阑珊处。感谢这个叠加的体验，让我再一次走进教育科研的理论与实践，让我在以后的课题研究和管理工作中增添一分理论自信和道路自信。

“树绕村庄，水满陂塘，小园几许，收尽春光。有桃花红，李花白，菜花黄。”

舟山风景亦如是。在舟山培训的几天里，除了从酒店坐车到舟山中学再返回，匆匆饭后就是在房间准备课题。让我欣赏到舟山春天风光的就是那么一扇窗。29日中午，短暂的午休时光里，准备中的间隙，缓解一下眼神，随手拉开窗帘推开窗子，想呼吸一下新鲜的空气。抬眼望去，蓝蓝的天空，阳光明媚，白墙黛瓦，一大片整齐的民房，远处是海洋，能展开无边的想象……

顿时让我有一个想法，舟山研修就像这一扇窗，让我们通过安排的一系列活动，看到沿海地区的教育生态，学校的文化氛围，有体系的特色课程，安静思考的课堂。通过这一扇窗，能让我们时不时地瞭望外面世界的风光，看到教育的星空和苍穹，在那个广阔的世界里，追寻自己学科教育的美好远方！

镜子：让我们照见差距，知行合一

“以铜为鉴，可正衣冠；以古为鉴，可知兴替；以人为鉴，可明得失。”随着中原名师项目的推进，递进式研修的深入，我越来越认识到自己的差距。舟山学习，尤有同感。

本次培训聚焦的主题是“课堂教学价值与学生发展”。28日上午陈秉初教授聚焦主题做讲座。29日一天的豫浙名师论坛围绕这个主题，发言的同伴们各抒己见，阐述自己在实践中凝练的思想。火爆全场，掌声不断的是我的同门师弟——河南省第二实验中学历史教师王涛讲的《让学生“活”在历史里》。师弟用生动的语言和灵动的表达陈述了他如何在历史学科开发丰富的特色课程，提升学生素养，让学生因为他的历史课而拥有精彩的生活。这无疑就是历史课堂蕴含的教学价值带来的学生发展。他一上讲台，问题切入，直奔主题，简洁明了。“学历史有什么用？”会场上，王涛用歌曲《小苹果》的旋律唱出历史年代大事件，使得现场听众情绪高涨，和声一片。枯燥的历史在他的演绎中灵动起来，相信在他的课堂上，尘封的历史也一定是复活的。在平时的分享交流中，我们发现王涛经常开展社团活动，提升学生的学科核心素养，从而更好地实现学科教学价值。

王涛老师用恰当抛问、创设情境、改编歌曲、现身说法、社团活动等特色教育方法给我们展示了课堂的活法，历史的“活”法及自己的教育激情和追求。政史不分家，榜样有力量。政治学科更要努力探索让自己的学科活在课堂、活在学生生命成长里的好方法。

30日上午舟山中学，听课交流。校园雅致幽静，除了校园里高三小院学子拼搏的励志标语外，没有其他文字，我们政史地组在一起听了一节高一的历史课，开放的课堂理念，没有课题只有主题——“新文化运动”，老师从辛亥革命后知识分子的失望讲到辛亥革命后的中国经济政治思想领域的发展。北大的“三只兔子”，刘半农的《教我如何不想她》，徐志摩、张幼仪的中国近代第一桩文明离婚案，在她口中娓娓道来，恰当设问，启发有序，心育无痕。从一本杂志到一段历史，平静中述说着新文化运动那个激情燃烧的岁月。赋予历史以鲜活和诗意，学生们时不时地小声齐发“哇、哇”，意思是“原来如此，我们明白了”。

做课的是一名朴实的女教师，叫金雅红。静雅、自然的课堂和舟山中学的校园一样，不喧哗，有思想，有文化，且唯美。校园里还有十亩金黄油菜花田，会让学生在学习知识的同时，学会和自然友好相处。在我们内地中县倡导“让每一面墙壁都说话”的时候，沿海的学校呈现的是“让每一面墙壁都闭嘴”。

这一切，让我想到文化。非常赞同“文化是植根于内心的修养，无须提醒的自觉，以约束为前提的自由，为别人着想的善良”。做人如此，做教育也是如此。教育的生态是真正关注学生发展的。

28日下午，教育部中学校长培训中心的王俭教授以《做新时代的好教师》为主题的讲座，站位高远，入情入理，入境入心，结束时仍意犹未尽，叹时间过得太快。王教授提出了新时代的教育价值立场。他从教师成长立足的高度、思考的深度、情怀的宽度三方面入手，为我们阐述了教师专业发展的内涵、教育的本质以及理念的重要。王俭教授指出，教师从事的教育是专业，教师的发展是专业发展，从科学发展观到五大新发展理念，教师专业的发展需要专业的方式。

王俭教授还讲道，每个教育工作者都应该有自己的教育理念与思想。理念的本质是不变的，变的只是观念，在世界的不确定性、人性的复杂性、教育的矛盾性的大环境下，我们要想清楚做什么样的教育，培养什么样的人，并凝练理念的维度，将教育思想融于教育实践当中，形成自己的教育风格。作为一名教师，立足的高度决定了今后其发展的高度，教学实践中思考的深度决定了其今后研究的深度，而在这二者之外更重要的是教师自身情怀的宽度，即“没有爱就没有教育”。

在讲座的最后，王俭教授将自己30年培训工作的感悟分享给大家：一是经历即人。每个人都是自己经历的囚徒，我是我经历之集合。一个人没办法超越自身的经历。教育就是一场修行。二是人即学校。什么样的人办什么学校，什么样的学校培养什么样的人。我们要以人化人，以文化人，人校合一，引领学校发展、教师成长，以文化人，以文化教化孩子。三是学校即梦。学校教育是要注意保护孩子梦想，催生孩子的梦想，对孩子进行梦的解析与引领。教育是有目的的活动，我们要用中华梦引领孩子，要把个人梦和中国梦紧密地结合起来。

专家讲座情怀宽广，同伴发言各美其美，名校考察内涵博雅……舟山学习之旅再一次让我认识到：地域发展的差距，学校教育的差距，我和同伴们的差距。他们繁忙的工作中读书写作争分夺秒，外地讲学奔波劳顿，社团活动开展频繁……向专家学习，向兄弟姐妹们学习，向我的师姐师妹师弟学习，永远在路上。

这次行程发现匆匆收拾行囊忘带一样随身物品——小镜子。因此，对“镜子”一词印象深刻。短暂的三天培训，一周的风雨兼程，让我找到无数面镜子，理论的、实践的、地域的、学科的、人的、物的……透过这些镜子，照见差距，但不自卑，脚踏实地、知行合一，做最好的自己——有理论、善学习、能落地，做新时代的好教师。

※　　　※　　　※

教育是一种唤醒，培训意味着引领，学习意味着成长。

雅斯贝斯对教育有一个很浪漫的定义：“教育就是引导‘回头’即顿悟的艺术。”他这里所说的顿悟，是灵魂的眼睛抽身返回自身之内，内在地透视自己，知识也必须随着整个灵魂围绕着整个存在领域转动。

本次培训之前我提交了九千多字的论坛作业稿件，题目是《课堂深处双向渡人》，开篇我是这样陈述自己的观点的：

20多年教学实践，从课堂中来，到课堂中去。从传统教学中走来，穿越素质教育的时空，走向核心素养新时代。我始终秉承以生为本的理念，立足县域实际，提升成绩，又关注学生心灵，和学生共成长，享受生命的欢畅，一起走向学科教学的远方！课堂深处，育人育分！

轮船、窗户和镜子，三个关键词概括了我舟山之行的心灵体验之旅。读万卷书，行万里路，求知求行、教人教己，努力实现自己追求的“道德与法治”课堂里自由曼妙的风景！

衢州有礼

——中原名师2019年春季集中研修感悟

当有一天想起这座美丽的城市，不再仅仅是地图上的符号，而是我近距离触摸到的浙江教育的一个清晰坐标。在这个坐标上有我和同伴们学习踏过的足迹，有领导和导师们思想的光芒和我们从中领悟到的教育教学的远方。

2019年3月25日，从家乡小城出发到信阳乘坐高铁，跨越豫、鄂、赣、浙四省，辗转来到浙江衢州，参加中原名师春季集中培训，培训于29日结束。匆忙回来至今已有两周，忙碌的同时我总是在想，要为这次千里之行留下些珍贵的印记。

礼貌是形象，礼貌是素养，衢州是一座有“礼”的城市。“衢州有礼”的城市宣传口号和画面随处可见。在考察学校、在沿途街道，都会见到多个拱手行礼、眉目谦和的孔子塑像。江南特色，细雨蒙蒙，花木向荣，雨水浸润，葱翠欲滴，绿意比内地更浓更新。在开班典礼上有关领导和论坛上河南省教研室的专家老师们的点评中，对“衢”字的解读更是让我们真切地领悟到项目设计者——中原名师项目办和浙师大为这次培训选定地点的用心良苦——打开自己，通向美好！

行在衢州，满目佳景。“衢”意通达，许慎在《说文解字》中说

“四达谓之衢”，古衢州人说，“衢”始于汉班昭《东征赋》“通衢之大道”，衢州市的常山素有“八省通衢”之称。出租车司机告诉我们现在衢州人喜欢把“衢”字理解为：在衢州行走，满目佳境。衢州是一座旅游城市，周一至周五所有景点免费开放。胸怀宽广，世界眼光，见到的衢州人都在身体力行着一座城市的诺言！

“聚焦核心素养　深化教学改革”是这次培训的大主题。3月26日上午，简约隆重的开班典礼在衢州中专礼堂进行。衢州中专是全国一流的中专，一天就可招满学生，从典雅精致大气的校园和规范有礼的人文环境就足以证明，这所学校的创新和创造之气。在校长的介绍中我们看到了学校先进的育人理念和知己知彼、和谐共生、做好自己、立己达人的治校之“道”。

班主任杨光伟教授典礼上言简意赅地告诉我们这次培训的三大专题：一是专家引领专题，围绕大主题组织专家讲座和论坛交流；二是学校实地考察交流专题，按学段分组赴衢州市有关中小学幼儿园考察交流；三是课题研究专题，分别有2019年重点培育对象的立项考核答辩和2018年中原名师培育工程专项课题中期答辩考核。开班典礼上中原名师项目办领导和相关专家回忆了项目实施五年来的不寻常历程，并寄语老师们总结梳理，珍惜机会，持续努力，在发展学生的同时成就自己！丁主任谆谆教导，真情流露，一言一行凝聚着对河南教育的厚望和对学员们的关切。也让我深深认识到，五年来，任务的驱动，严格的考核，虽然奔波劳顿，虽然小地方的各种困难重重，然而，在这个强大的学习共同体中，我感受到的是积极、向上、向善的能量，也给自己增添了许多专业的自信和战胜困难的勇气和力量。收官之年，项目进入尾声，我和伙伴们在交流中也纷纷表达了对这个学习过程的感谢和留恋。

开班典礼之后，是李润洲教授的讲座《指向学科核心素养的教学逻辑》，报告中李教授引导我们逐步思考：教学目标的素养立意、教学内容的知识还原、教学活动的问题解决、教学评价的方法匹配等。并把自己之前发表的多篇关于核心素养的教育教学文章自然融入，还融进了教育写作的理论和实践。例理结合，层层分析，水到渠成，自然贯通，不知不觉中时间已近中午。

核心素养这个教育教学的热词在他的口中和笔下，融会顺畅地抵达课堂教学的每一个角落。顺着他的观点也引发我深深思考当今县域内的道德与法治课教学。道德与法治学科是承担立德树人根本任务的关键课程，承担着为社会主义现代化建设培育合格公民的重任，其核心价值是育人。在我们明白我们的学科为谁培养人，培养什么样的人之后，就是解决如何培养人的问题，即如何在课堂教学中培育学生的学科核心素养的问题。如何落实一节课的素养目标？如何实现教学内容的知识还原？如何组织落实核心素养的教学活动？如何在教学活动中嵌入真实情境？如何运用恰当的教学评价？在“教育的核心素养时代”，学科核心素养已超越了知识表层，直抵学科本质及其育人价值。那么，指向学科核心素养的教学就要遵循教学目标的素养立意及如何抵达的教学设计及落实。这是目前一线教学中亟须研究和解决的问题，需要我们立足实践深入思考和研究。面对当前部分道德与法治课堂中出现的重知识、轻实践，重形式、轻内容，重分数、轻素养等失魂、失衡、失策、失重等问题，我们要创新设计有魂有神的课堂，一个具备学科素养的道德与法治老师首先要心中有学生，做一个对学生充满尊重的人，时刻关注学生的学习状态和学习效果，不断激发学生的学习热情和求知欲望，让相对枯燥的道德与法治教学能够走进学生的心灵。要打造触动心灵的道德与法治课，才能让课程实现铸魂育人的目的。

26日下午，陈伟光教授的讲座《教育变革与教师素养》，让我们系统地了解到互联网+时代教育改革发展的新趋势和作为教师需要发展的重要方面，陈教授希望我们要仰望星空，站位时代，视野未来，要有新思维、新观念，探索新发展。先进的课件制作、先进的教育理念和互联网思维为我们打开了一片新的天空，开阔了我们的教育视野，提升了我们的媒介素养。

3月27日“名师论坛”历经一天，学科覆盖面广，学段涵盖从学前到高中阶段，从理科到文科。同学们把自己教学现场落实学科核心素养的思考和行动梳理提炼进行了分享。精心准备，科学表达，相互帮助，自动有序，养之有素。我的师姐程黎老师分享的是《在真实情境中“浸润”地理核心素养》，她从四个方面阐述了自己落实学科核心素养的教学行动：在案例分析中——润心，在合作讨论中——润思，在读图分析中——润知，在实践活动中——润行。这些思考和行动富有针对性，直击地理学科“教天地人事，育生命自觉”的价值观念。对道德与法治学科极具启发性和借鉴价值。

论坛上24场微型讲座，让我们感到思想交融的碰撞和思维火花的飞溅。这种跨界学习的力量，让我们跳出原来既定的知识环境和认知视野，在全新的领域获得全新的体验，带给我们的不仅有生命在场的新鲜感、刺激感和愉悦感，而且有灵魂的笃定、精神的安宁与心灵的富足。在这个积极向上的团队中，令我感触最深的是“情怀”，作为教师的我们要始终保持对教育、对专业的情怀。研学的过程也是情怀不断被激发的过程，而这个过程也是我们的素养被培育和提升的过程。

28日，学校考察交流，初中组到达的是浙江师范大学附属衢州白云学校，我们听了一节常态课，听了校长对学校情况介绍的报告《适合每一个学生幸福成长的学校》。走在花团锦簇的校园，遇见礼貌的学生和充满幸福感的老师，让人觉得“一所让幸福落地的学校”不是一句口号，他们确实在践行“用最初的心做永远的事”“暖和自己，温暖他人，照亮自己，照亮他人”的理念。

“水之积也不厚，则其负大翼也无力。”育人者要先受教育，明道、信道。追求并确立大境界、大胸怀、大格局，才能给学生指点迷津、引领人生航向。浙江的学校就是不一样！

核心素养时代已经加速到来，如何充分发挥道德与法治课程的德育主阵地作用，如何适时适当地推进教学创新和理念升级，成为道德与法治课教师面临的新挑战。作为一个道德与法治课教师，我们要自觉以德立身、以德立学、以德施教，坚持教书和育人相统一，坚持言传和身教相统一，坚持潜心问道和关注社会相统一，自觉发挥积极性、主动性、创造性，以深厚的理论功底赢得学生，用真理的力量感召学生，用高尚的人格感染学生。

28日下午，和论坛同时进行的是课题立项考核答辩。29日上午，是专项课题中期考核答辩。我这次没有课题考核任务，得以早早返程。

"不知道自己不知道，知道自己不知道，知道自己知道，不知道自己知道。"这是开班典礼上丁主任讲的一个人认知的四种境界。第一层无知者无畏，第二层自知之明觉悟者，第三层内心清明专家级，第四层淡定自如大师级。各种所限，我知道我依然处在"我知道自己不知道"的层面。现实生活中，不是所有的小树都能长成大树，也不是所有的小溪都能奔腾到海。然而，向下扎根、向上生长，是树的方向，向宽而行、一直向前是溪流的力量，既然已经出发，不问是否抵达，过程就是风景。

衢州研修，引领我追寻课堂道法和内心的自由！

（2019年3月）

桂林山水

2022年暑假，有机会去桂林的家里生活了十天，青山启智，绿水润心。每天都有不一样的体会，剪一段时光，留下美好的回忆。

8月4日　　阴转晴转阴　　周四

换个环境去工作

儿子打算给我们报个二日游。我想着看看几个有名的景点，建议报个一日游，就选择了一个口碑很好的旅游服务公司。漓江杨堤—兴坪竹筏—银子岩一日游套餐小团。上午乘竹筏漂流漓江，看沿途美景。饭后歇息，下午乘车到银子岩看溶洞奇观。

上午9点从家里出发，晚上8点多到家。一日行程搭配合理，达到预期游玩目的。

在杨堤码头，小团体内的具体游玩线路不一致的情况下，到达目的乘坐的工具也就不一致，需要拼筏，这些都是由导游师傅一人很愉快和有耐心地完成的。

小小的竹筏，向江中游去。凉爽的风缓缓吹过来，左边有大旅游船缓缓驶过，右边有山峰向后退去，抬眼看，景色优美自然，任何一个做背景都是一幅自然清新的图画。和我们同乘的还有两个小年轻情侣，一开始都没有说话，我想缓和一下氛围，开启一段快乐的旅程。小年轻一般喜欢照相。“来，转过头来，这背景多美，我给你们拍一张。”两个小年轻很高兴地转过头来，比着手势，我立即拍下。一对小情侣高兴地连连道谢。小姑娘打开了话匣子，我们相互交流了各自来自哪里。我们来自河南，他们来自湖北，男孩姓别，说让叫他小别，男孩说湖北河南很近。后来在旅途中再见，一直叫阿姨好、叔叔好的，也自觉主动地说给我们照相。姑娘要求撑竹筏的师傅给我们介绍山的名字。师傅很热心，每到一处或快到一处，总是提前告诉我们山的名字或由来，漂流的过程增长了见识又富于乐趣。

向前看，远远地有一座山，在群峰之间，不大，圆圆的山头，一个凹处，师傅说这是苹果山，一看真是的，形状就是像个苹果。继续向前，右手边，群山之间还有一个笔直笔直的，形状像根毛笔，是毛笔峰，一看还真是的。如果不这样说，还可能被忽略。左手边，看群山之间，一个突兀的山峰，绿色的山峰，细细的峰巅，是观音山，山巅是观音菩萨，是的，看一看是观音菩萨慈祥的笑颜。右边，一座山的根部，有黄色的块状岩石，师傅说是锦鲤山，还真的是一个大的鲤鱼卧在山根水上。继续向前，宽阔的江面，静静的水流，不断有游船经过，掀起的水流使小竹筏一晃一晃的，赶紧握紧栏杆，游船过后，竹筏立即恢复平稳，一开始不知道什么原因，似乎没有看到游船过处有多大的力量，原来，是水下的翻动散发的力量。再继续向前，右边一群群山峦叠起，是唐僧师徒四人，一看还真像。悟空牵着马，猪八戒、沙僧的形象惟妙惟肖。右边，还有一个五指山，还真是的，一个山头像大拇指，另外四个高高低低的山头像其他四个手指头，合成一个大大的手掌伸展着，手背向着江面，一只绿色的大手指向天空……叫出名字的还有，记不清了。其他叫不出名字的山更有很多，这些山的形状更多的是天马形状，可见的马头、马鞍和马尾。其实，山还是原来的山，根据人们丰富的联想而有了灵气和深意，山因这些名字契合了游人的心意而声名远播，心中有山，看山是山，心中有水，眼里有水，心中有佛，看山是佛。最美的风景其实在自己的心上。

竹筏沿江而上，行逸山水之间。师傅说向前看那是甲天下实景。看向将要拐弯处，一排排山峦迎面而来，那是著名的桂林山水代表性画面。碧绿的不高不尖的山峰，然山体笔直笔直，虽不是壁立千仞但也很难攀岩而上。这也是桂林的山能爬的也有但不多的原因吧。前几天做窗帘的时候一个老板曾说过，山有什么好爬的。可能身处其中不觉，平原地区的人方觉山的神奇和令人敬畏。

江水轻拍着岸边，浸润着两岸的石山。有的山底的岩石被江水侵蚀脱落，久而久之江面还将拓宽。有时可见一些小路通向山里，有时还有一些小船靠在江边，也有一些有规模的码头。大约漂了一个多小时，一座较大的山峰展现在面前，似乎很熟悉的样子，山体是黄色的岩石，兼有绿色的植被，像一幅画从天而下，挂在水上。师傅说是黄布倒影。到了兴坪码头，下船，沿着石阶而上，走到一个观景台正对着对面的山峰，是20元人民币观景台。回头望去，这就是独特的20元人民币背面图案。三个山头比肩矗立，像一个巨大的山字，中间一个更威武，像守护着祖国美丽风光的卫士……

饭后，在刘三姐主题公园前留影纪念。下午驱车两个多小时到阳朔县城，再驱车一个多小时去银子岩看溶洞奇观。一路上师傅谈论着疫情对本地旅游业的影响和他们对顾客的负责和口碑，一路前行不难看出，师傅很负责，给年轻人搬行李、等待，不厌其烦地打电话提醒。

进了银子岩参观区，在门口免费领到一个耳机和游览证。把游览证挂在脖子上，耳机戴上，即刻接收到了引领游览的语音解说，移步换景，语音盈盈，别有一番雅兴。岩洞内怪石林立，形态各异。经过人工的开凿，有的地方石柱矗立，有的也被赋予了各种各样的名字和寓意，有的地方狭窄有的地方宽阔，脚下潮湿台阶稍微有点滑，灯光昏暗，只好相互搀扶着前行。语音提示抬头，上边像天空一样宽广。语音提示看左边各种各样的佛像，许个愿吧，我在心里立即许下一个愿望并希望今年能实现。

这么美丽的溶洞，听着耳机里的语音解说，内心里感叹着震撼着大自然的鬼斧神工和奇妙无比。自然是最好的雕刻师，不仅雕刻着地球也赋予人类以智慧，让这么美丽的地下景观呈现在人们面前。之前只是在地理教材上了解桂林的溶洞，今天终于亲历了课本上的美景。

只是刚进去不大一会儿，突然感到一阵肚子不舒服，一阵一阵的。是天热、是闷气，还是中午的米粉不合胃口，不明原因，只好走马观花地看着听着，在几个特别的地方拍照留念，可是后来拍的照片也很模糊。心里想着赶快走出来，结果，将近一个小时的时间需要走两公里多的台阶的游玩线路，我们26分钟就走出来了。听得也不认真，看得也不仔细。虽然只能是“到此一游”，仍然觉得因震撼而不虚此行。

出了银子岩又回到阳朔县城，车上那两对小年轻晚上要住到阳朔，晚上和第二天继续游玩。到了阳朔的“千古第一情”景区，一对小年轻从这里下车，听说晚上要参加这里的演唱会，一张门票价格不菲。问一下师傅演员阵容是不是很强大，师傅说不是的。哦，那可能是当地的一个旅游收入来源吧，来这里的人消费的可能是这里的环境，享受的是山水情。换个环境度过一段美妙的时光而已。

桂林山水甲天下，阳朔山水甲桂林，说得有道理。

落日的余晖洒向天边，沿着宽阔的山路，山雾缭绕，车也不多，在自然的静谧中一路回转，进入市区人和车渐渐多起来。8点40分左右到达桂林的家。立即打开电脑，看课看课，继续和刘英、巧云磨课，她们两个是今年省级优质课竞赛的参加者。

陪赛的过程也是思维碰撞的过程，一点一滴的打磨，还是不尽如人意。起码没有知识性科学性上的明显错误吧。昨晚看到广东的林华老师在旅游的过程中或者到深夜，发朋友圈感慨道，旅游不过是换个地方工作到深夜，谁不是哪。就像林老师说的，别人都看到的是自己的成绩和荣誉，可是谁能看到自己是如此的努力。

旅游休闲，舒展身心，就是为了更好地工作和生活。换个环境工作何乐而不为呢。

踏雪寻题

2018阳历新年过后的第一场大雪，飘飘洒洒，一路伴我，几天步行上班，半个多小时的路程，躲避着上冻的路面，步伐急急缓缓，雪花纷纷落下，身体渐渐由冷变暖，由内而外，暖和舒展。

中午到家，匆匆吃了饭之后，就又急急忙忙地去单位，专心致志干了一个下午，为八年级最后一个大题找到了最新的背景新闻，组织成适合考点及设问的句段，又根据题目考查的层级性要求变换了新的设问方式，再次修改了自己所做的答案，合理设置了每个小题的分值，又配备了恰当的图片。就这一个题来说，基本做到了图文并茂。一大晌只精装修了这一个大题。做好这一切，看看天色已黑，踏雪返回，雪趣在心，任由冷风吹……

年年岁岁卷相似，岁岁年年题不同。作为一个基层的中学教研员，我们的常规工作之一是承担全县秋期七八九年级的期中期末试题和春期基础年级期中期末题、九年级全县4—5次模拟试题的命题任务。这是一个常规且重要又耗时的活计。仿佛刚送走段考，又迎来了期末。经过连续两三个星期的努力，本期期末三个年级的三套试题的命制任务提前一周多完成，内心洋溢着胜利的欢愉。回顾每次炼题过程，体会颇多，随意抓取片段，总结经验，以利再战。

出一份试卷就像盖一座典雅的小楼，得先有图纸，定好框子，在设计好的布局内将各种材料排列组合，砌墙筑体，最后粉刷装修，一份考卷才能成型。要胸中有课标，心中有课本，明确学科的课程性质，把握学科教育的根本宗旨，鉴于政治学科的特殊性更要多下功夫。

准备

准备无期限，时刻多留心。

明确指导思想。中招考试有双向功能，既是学生初中阶段的学业水平测试，还得为高一级学校选拔优秀的生源，中考试题是指挥棒，平时的试卷也须具有这样双向的功能。命制试题，首先确定试题的方向要和国家的教育方针和学科教学的根本任务一致，落实立德树人，培养学生素养，题型题量和中考一致，联系学科和县域实际，兼顾不同层次，追求平、和、稳，拒绝偏、难、怪。给老师们一个平时教学的导向，既注重素质的培养又提高学生成绩。

对照课程性质，把握试题特点。根据学科的课程性质，我觉得一套质量上乘的试卷应该具有思想性、人文性、开放性、时代性、综合性和地域性等特点，还应该根据试题使用的不同时段，确定试题的具体特性，如基础年级和毕业班的不同、期中和期末的不同、几次模拟考试的不同等。如果是期中和期末题，命题还要突出体现基础性和发展性等特点，既注重双基又提升情感素养。

再学命题依据。课程标准是命题的依据，里面规定的课程总目标和课程内容是重要的命题指南。往年的河南省中招《说明与检测》是贯彻落实课程标准的重要参考资料，也是平时命题的重要依据。

搜集各类素材。首先是时政素材，和中考试题一样，平时的试题不回避重点热点，关注学生精神成长。除了平时留心收看新闻，随时记下与教材有关的背景材料之外，每到命题前夕，还要集中网上浏览国家大事、省内大事、地方新闻等，以求找到最适合的素材作为背景材料，体现题目的时代性。其次是生活素材，社会生活和学生生活中的有些实例，可以进入试题，以增加题目的鲜活度和亲和力。再次是寓言故事、名人名言等，浩如烟海、博大精深的中华古典文化为命题提供了源源不断的素材，找到适合的加以利用，可以增加题目的人文色彩和厚重度。还有一些漫画等图文信息……

确定考查重点。鉴于试题应该具有的一般学科试题特性和自身使命的特殊性，每套都要着重于核心素养的培养，引领道德践行，突出主旋律，传播正能量，践行价值观，具有鲜明的时代特色和积极健康的价值导向。每套题在命制之前先要找到课标、说明检测、课本、生活相结合的点。这些点就是命题的考查点。

思路化繁为简。一切的准备工作其实就是明确每一个题目的考查内容是什么，为什么（依据）、在什么背景下（材料）、怎样考查（题型、设问）这四个问题。有了对这四个问题的同步思考和总体权衡，纷繁琐碎的命题便有章可循了。

“千淘万漉虽辛苦，吹尽狂沙始到金。”依标扣本定考点，方向明确主旨显；主干知识核心点，三个年级要总览。只有先做好这些重要的准备工作，才能开始真正地铺开试卷的框框，定点、选材。确定哪些材料和考点可以设计选择题，哪些材料和考点可以设计辨析题，哪些可以设计成观察与思考题，哪些可以设计成活动与探索题。

过 程

否定之否定，修改再修改。

开始出题了，铺开定好的适合各类题型的考查点。找来Word版的中考试题模板，删掉题目，一个九年级试题的模型框框出来了，稍加改造七八年级的出题框框就出来了，因为分值不一，题目的多少也不一样。

刚开始我曾想直接利用或者改编近年来的中考题，但是这个想法很快被否定了。中考试题的综合性很强，且超过了所学的知识范围直接选用或改编中考题就会使试题过难。比如，一个选择题要考查的知识跨度也是很大的，有时一个题可以穿越几本书或不同的板块，不适合某个特定时间的考试题，或者还需要做很大的改动。或者改动某一句材料，限定某一句题干，改造某一个题肢等。其实，单纯考查相应阶段知识点的中考题很少，有时即使有，题目的时政材料已成了旧闻，这就是政治学科试题的时代性和综合性。

以课标为标，以《说检》为依据，以课本为本，以其他练习题为素材，编创试题就成为必然。于是，在定好点的同时就开始翻阅大量的题目，全国各地历年中考试题分类汇编、外地同期试题等，网海冲浪，偶遇一个中意的设问或素材，受到启发，连忙选来，留待进一步思考，换个适合的材料，变换设问的形式，让题目的难易适度，设问也有层级性。既考查基础知识与基本技能，也考查学生运用知识处理问题的能力，为学生提供发挥的空间。

一个题目经过改头、换面，脱胎、换骨，终于改编完了，再做答案。在做答案的过程中还可以发现需要修正的地方。如此修改、定稿，再修改……

有时根据要考查的重点知识，想原创一个大题。需要先下载一篇体现社会重大热点的新闻报道，再为其瘦身、组合成自己想要的一段文字。文字需要运用学科术语，给学生做题以适度的启示，与题目匹配的图片，还得有恰当的设问，分值的设置、作答等，得一个晚上甚至更长的时间才能完成。

有时，前边的题目出好了，又发现按照定的点，后边的题目没法出了，和往年的大题考点几乎雷同，或者发现这个辨析题的素材用作观察与思考更合适，怎么办？推倒重来，山穷水尽之时，放一放，再看看新闻，翻阅一下其他试题，看看关于出题的小本子，忽然有个好的想法，或者先研究别的题目，过几天，再来看这个试题，突然就会柳暗花明，这是否定之否定的过程。

一个个题目经过编拟或原创，终于成一套试卷了，通览全卷，看看选择题答案是否集中在一个或两个字母上，是否有规律，如果这样还得换换，不给学生考场作弊创造机会，还需要把选择题的题肢语言进一步规范成字数基本一致，上下对齐。看看试题的编排是否合理，配的图片是否能再找个更适合的……

如果每一个题都是所谓的好题难题，这一套题也不是一套好的试卷。一套好的试卷，要有区分度，信度和效度。也就是说要适合不同考试时间、不同层次学生，难易度要控制在合理的范围内。有时一个题目过难，及格率就下降。所以，还要做思考和调整。

试题还需要在规避和超越中前行。一套试题在新的背景材料，不同的设问角度下，千呼万唤终出炉。这样的题目，就能不和自己往年出的试题重复了。

……

完 工

苦尽甘来炼题路，字斟句酌终成章。题目成型，再次统一布局，字体、字号，标点符号的编辑校对，应该就算完工了。其实不然，这些经过数次更改和设计的题目，放在电脑里，每打开一次就会再做一次修改。一般是在考试前两个星期多一点发送，然后根据时间安排，再做最终校对，如果在校对之前，有什么重大新闻发生，最终校对的时候还可以再修改调整。有时校对后，字也签了，还是不放心，回来后，再打开看看。直到考试结束，没有老师反映形式上的问题，才算真正的完工。至于试题内容的进一步研磨创新，是一个长期的过程。

我一直在追寻理想试题的风格和气度。希望师生在拿到考卷时，缓缓开启的是你解读出的墨香卷轴中深藏的题中之意。讲评试卷时能举一反三，触类旁通。一次考试，卷子有限，卷面有限，题目有限，水平有限，很难把自己的思想和学科的思想科学规范地表达出来。学思践悟命题路，永远都是进行时。

风起的日子，淡看落花，雪舞的时节，举杯邀月。练题的日子，是静心学习的日子。方寸电脑之间，观世界风云，看国家大事，览家乡美景，感社会和谐，悟同事友善，弘扬真善美，践行价值观……

炼题的日子，是梳理专业知识的日子。能再次翻阅课程标准、《说明检测》、教材教参等，纵横经纬，新旧承接，明线暗线，重难点易混点。如果不是这样，这些涵德慧智的知识就会被淹没在平时工作的琐碎和游走的时光中。

炼题的时刻，是寂静的时刻。出来的是试题，炼就的是心志。夜间最出活，如果不过分熬夜，就得中午加班，关上门窗，和自己待一会儿，静静地想，静静地思，偶有思维的火花迸出，赶快记下，题目有了新意，不胜欣喜。正如杨绛先生的话："世界是自己的，与他人毫无关系。"

窗外雪花飞舞，室内温暖如春，一个人的繁华无数，一个人的寂静欢喜。在即将完工进行美化不用动脑之时，还可以打开乐曲，任舒缓的歌声入耳入心，连日来，敲打键盘之疲和久坐之累伴着乐曲随手挥……

你那里下雪了吗

面对寒冷你怕不怕……

踏雪寻梅……

花瓣纷飞……

岁末十问

岁月极美，在于它必然的流逝……

2018年在希望和忙碌中悄然离去，2019年，在来不及畅想中依然向我们大步走来。新旧交替之际，总想写几句话告诫自己，珍惜时光，让来年的生活有个更好的模样，然总觉得头绪和杂陈太多，无从说起。

看到文贤小姑娘的日更文引发感触。这个小姑娘是一个乡镇教师，见到一次就让人记住，谦逊礼貌，文质彬彬。问我问题后加个好友，关注她，我发现这个小姑娘勤思善写，笔耕不辍，记录自己的教学与生活心得，发在简书上的至今已有20多万字，文笔流畅，正念十足，有目标有方向。今天，也向这位文贤小达人学习，来一个自我检视。

《天下女人》私下问杨澜要了一份她的年终自检十问清单，我以此为参照，制定一个属于自己的岁末十问。

1. 2018年你好好照顾自己的身体和情绪了吗？

身体健康、生活规律的人情绪不太容易出现问题。

我：我一直坚持有规律的生活，有稳定的情绪，三餐喜素食，知道锻炼身体的重要性，但坚持得不够好。早晚步行上班，说起来简单，做起来却很难。2019年继续加强锻炼。以前，好多活儿都是晚上熬夜做出来的，夜里12点左右睡觉是常态，一定要改掉这个坏习惯。白天提高效率、合理利用时间。

有情绪是本能，管理自己的情绪是本领，这个本领还要加强，坚持发现和欣赏周围的美好。面对一些无端的垃圾和尘埃，自动屏蔽，视而不见、听而不闻依然是努力的方向。继续多做、多学、多看，不语不言，用安静和书籍来丰富自己。修心、修行、修福分，相信良善也一定会获得同等甚至更多的心灵力量。

2. 这一年中最让你感到幸福的一幕是什么？

幸福是什么呢？哈佛大学的幸福讲师泰勒 · 本 · 沙哈尔在其著作《幸福的方法》一书中提道：幸福是快乐与意义的结合。也就是说当你做一件当下让你感到快乐的事，并且这件事在未来能够带给你意义和价值，那么此刻你就会感到幸福。

我：幸福是一种感觉，是一种心境，不在于财富多少，无关乎贫穷富贵。上班路上数次看到路边打扫卫生的一对老年人，先生在前边用大扫把扫，女士在后边用小笤帚溜，配合默契，脸上挂满笑意，垃圾车上还放着一个唱戏机，播放着他们喜欢听的戏曲。幸福的感觉，存在于每一个懂得的灵魂里，默契的瞬间里。珍惜人生中那份无言的懂得、无声的默契。诸如此类的场景，就像那句：风在摇它的叶子，草在结它的种子，我们站着，不说话就十分美好。

3. 今年你有没有倾心爱过一个人或一件事，并且为之付出努力？

倾心一爱的状态让人羡慕，如果你在爱着什么，任何生活的琐碎都不能把你淹没。如果你为之付出了努力，那么请相信我，你这一年过得非常值得。

我：在爱面前，初心不变。平凡人的生活里更多的是柴米油盐，更蕴含在每一件生活琐碎和平凡工作的认真完成中。爱是爱心，爱是责任，爱是无我，爱是彼此包容和深深懂得。

4. 这一年你遇到的最大的挫折是什么？

没有人会一生平顺，再骄傲再优越的人，不是已经经历过种种磨难，就是有个坎在后边等着你。人生这么长，怎么会没有挫折呢？提前有个心理准备，如果它在今年出现了，那么告诉你一个好消息，今年要过去了。

我：今年遇到的最大的挫折就是期待的一个好消息迟迟没有到来，不过我相信这个遗憾会化作2019年的深厚铺垫，我依然会在陪伴和等待中拥抱更好的也是更适合的好消息的到来。2019年所遇皆为贵人，2019，好消息经常会有。

5. 挫折之后你做了什么来让结果没有变得更糟？

扭转局面的能力就是挫折给我们带来的最大意义，所以，不要回避，尝试挽救，变成一个更厉害的自己。

我：从容面对，积极乐观。继续鼓励和坚持、耐心守望，只要继续努力不停步，期待的总会到来。个人多向良师益友学习，更多地读书，更好地工作和生活。相信生活不会辜负时光，不会辜负一切正念和良善。

6. 这一年你最大的收获是什么？

人们为庄稼收获而喜悦是因为在耕耘的过程里投入了心血，同理，你最大的收获就是让你付出最多的那个事物。

我：工作中最大的收获就是捡拾起日渐荒芜的课功。上课，时隔6年，终于又在课堂找到自己的感觉，上出有自己理念和教学主张的道德与法治课，深度走进课堂，再次尝到了为课痴狂的专注和忘我，仿佛进入了一种不以物喜不以己悲的内在境界。离开课堂容易，重回课堂需要勇气。认识自己容易，突破和超越更难，多上课才能让教学精进，让教研开花。

7. 这收获让你对自己有何新的发现，对未来有了什么启发？

投入心血未必就能收到回报，没有回报并不是没有收获，过程即收获。早些知道这个道理，未来就会不吝血汗。

我：当我和学生建立亲密链接时候，便觉得我还是喜欢站在教室里的感觉；当我和老师们亲切交流、释疑解惑的时候，我觉得自己学习的知识和专业有了用处，也就找寻到了自己的价值和尊严。教而不研则浅，研而不教则枯。课堂是教研的源头活水。多钻研、多学习，未来继续厚积自己的底气，在教学教研的路上，追寻自己想要的课堂和远方。

8. 经过这一年，你学习了哪些新的知识和技能?

学习的时间是没有白白付出的，即便你现在可能用不到，它们会在将来的某一个时刻让你在人群中闪闪发光。

我：与中原名师班同学和导师们的交流，让我感受到他们的学养和人格魅力、拼搏精神、教育情怀。另一个特殊的学习生活中，进一步修炼了一个政治老师必备的技能并开阔了学科的视野和思路。读书，是门槛最低的高贵，对于书，总觉得没有时间读，总是难以走出自己读书的舒适区。也就难以提升自己的视域和思考的维度。暑假里借的九本书到现在也没有读完，读书重要，要学会管理自己的时间，继续读书学习，向书本学习，向他人学习。学海无涯乐作舟，学习、实践、反思，再学习、再实践、再反思是专业发展精进的必由之路。

9. 在这个充满不确定的时代，你依然相信的是什么?

爱人会变成亲人甚至陌生人，承诺会变成回忆，爱情会消磨成关系。你相信的那个东西，就是你迎接每一个明天的动力。

我：我相信爱的力量，爱家、爱亲友、爱专业、爱工作、爱单位、爱我们的国家。我相信自己，有了这样的爱，一切会越来越好。相信目标和梦想的力量，2019年，更多的目标和梦想一定会逐步变成现实。

10. 三年、五年、十年之后，你会怎么评价你的2018?

即便当下你对自己的2018不满，在三年、五年、十年之后，它都会变成一段有厚度的回忆。即便当下你对自己的2018感到非常满意，在三年、五年、十年之后，它都有可能退化成一个普通的刻度。我们能选择的只是用这一刻的反思将它好好珍藏。

我：2018年对于自己和像自己一样普通的国人来说，关键词就是奋斗，“幸福都是奋斗出来的”。无论是面对现实或者是抽离现实都需要奋斗。2018年期待的关键目标没有实现，头上的白发陡然增多。记得26岁的时候写工作总结，第一次意识到自己年龄不小了；35岁的时候被派出讲公开课，觉得年岁偏大了，年轻几岁该多好。再后来，慢慢感到，那时都是多么的年轻。再过几年，也一定会觉得不好不坏用心走过的2018年，也是曾经那么的美好。2019年，“我们都在努力奔跑，因为我们都是追梦人”。也因此相信，2019会是更好的一年。

我在课上

时光的利刃匆匆划过2020年的时空，如果让我用一个字来概括这一年的专业成长，第一个在脑海浮现的便是“课”字。2020年，继续行走在课堂，在课中专业得到进一步成长！

2020年春节后，疫情第二战场，我参与组织县内外优秀教师义务录制20节网课，供各地的老师和同学们选用；积极参与省级官方平台志愿者活动，开设网络直播讲座《核心素养理念下的道法复习课设计策略》。网课之初，面对新技术，我曾经为课焦虑，但没想到放弃，终为抗疫助力。

1—3月，参与统编道德与法治九年级上册教学设计与指导的编写任务，和团队成员一起研课磨课、入课思课。教材案例与资源选取、课堂设计，评价设计的时效与实效、取舍与保留、考证与实证、创新与守正等等。如琢如磋，再三打磨，为课痴狂的日夜，用心进入教材深深领悟教材背后丰富的内涵和课程承载的育人价值和使命。深切感到：铸魂育人，用好教材，依然任重道远。

平时的学习中，研读课程标准和教材，探究小、初、高思政课程的内容衔接和每个学段的不同要求，深刻认识到思政一体化建设的必要性和迫切性。

2020年7月，延迟的中考。前夕，深入乡镇学校，为学生做复习备考讲座6场，为学科发展奉献爱心。上和学生融为一体的课让我感到学科润物无声的价值和魅力。教而不研则浅，研而不教则枯。课堂是教育教学研究的源头活水，一个教师只有站稳课堂才能仰望远方。

2020年9月作为评委之一，观摩省级优质课的参评课例，无论是网络评审阶段的实体课还是决赛现场的展示课，都让我对新时代思政课有了新的认识和思考。平常的工作中，听评课、出考题，闲暇时间读书写文，撰写思课悟课文章20余篇，其中《一道中考题引发的思考》《上有观点味的思政课》分别发表在《教学月刊·中学版（政治教学）》2020年第9期、《中学政治教学参考》2020年第36期。另有两篇文章已经过审。观课议课，写课悟道，有输入和输出，在学界发出学科好声音。

2020年，上课，不仅在本地、省内，还在更远的地方。因为课，遇见了更多的大学人，大学之所以叫大学，不仅在于大学校园树木的葱郁，环境的宜人，更在于大学里，教师的人格和学术魅力。因为课，亲眼看到了母亲河黄河的上游一段，不宽的河面，静静的水流。隔窗而望，阳光下的波光粼粼和冰冻下的静水流深；经历了零下十几摄氏度的夜晚，知道了真正的寒风扑面，也感受到“塞上江南”宁夏银川冷天里的温暖，随便进入一个屋里都是暖意融融。车窗外，舷窗下，那一个个地图上的名字变得可亲可感。每当思想专注，沉浸在课中的时候，就会体验到思政课的独特魅力和向高人学习而激发的内驱力。

笛卡尔有句名言“我思故我在”。我觉得，课要上出自己的思考、上出自己的思想，让我的课，人在思在，让听课者人在思在。让课堂具有哲学意味的“人的存在”是我对课的重要追求。面对学生，注重主体的参与性，要让主体的心口手都动起来。对学习内容的深度思考理解和掌握，不仅要注重学习内容和学习方式，更要注重学生思维力的培养，尤其注重的是心动，这样，才能上出触动心灵的课，才能让一节节课承载铸魂育人的使命。理想与现实总是有差距的，上出自己满意的课，仍需继续努力！

课，对于老师，还有一种特殊的功能。2020年12月的一个上午，由于任务相连，持续工作，前一天晚上也休息得很晚，那天早上也因任务起得很早。一切准备就绪，将近早上8点，快要上课的时候，我突然感到头很疼，就坐下稍事休息，结果还不见好转，心想：那就开始吧，或许一讲课就好了；以前在做老师的时候，经常这样，勉强到学校上课，讲着讲着就好了。于是，就开始讲了起来。因为真情投入，因为专注课堂，竟然忘记了头疼……等结束以后，我给一位年轻老师说起的时候，她说，老师们经常这样。还记得以前常有的场景：教室旁边的办公室里，几个老师还在说着某方面的不舒服，结果上课铃一响，都迅速拿起本子走进教室。是啊，这些不经意的话语，不经意的瞬间，都记录着做老师的辛苦和为师的情怀。这就是课堂对老师的特殊功能——课堂的疗愈力量。因为专注所以治愈！

课，形声兼会意字。从言，果声。由古到今，意蕴演变，与时俱进，内涵丰富。现在常用的“功课”“课程”的“课”也是由其初义逐渐引申而来。从这个意义上说，“立德立言思政课，用心教书有收获”。这是今年我用自己的时间和心力，对“课”字所做的特别的拆解。

课，用心思课，用心写课，用心上课！2020年，我在课上！

诗心·四季

『诗者，志之所之也。』『心，人心也，在身之中。』师者，当用诗心润匠心。诗心染韵墨生香，素心抒怀添雅趣。清浅时光中，季节流动的画面，总在拨动着悠绵的心弦……

《纳兰词》里的细雨

一个月一篇，一年12个月，12篇文章记录我随意品读《纳兰词》的感想和对过往与现实的思量。以此，来寄语我2020年的匆匆岁月。相信，心中有了诗词的意象，生活就会散发不一样的光。

不是人间富贵花

——读《纳兰词》1—38页有感

特殊假日困在家里，备一节跨学段之课，至困惑处，期待柳暗花明。暂停思绪，漫卷翻书。一本久买崭新的《纳兰词》映入眼帘，聊以打发时光，或许还可以滋养我一个女教师教政治长期被考题、时政等相对枯燥的知识充斥而缺乏文学素养的简单头脑。

了解书和作者，《纳兰词》是清代著名词人纳兰性德的作品，有多种版本，我买的是李少辉注评本《纳兰词》，作者纳兰性德（1655—1685），原名成德，字容若，号楞伽山人，满洲正黄旗人。大学士明珠的儿子。康熙进士，官一等侍卫。他的诗词在清代享有很高的声誉，在中国文学史上，《纳兰词》光彩夺目。纳兰侍从帝王却向往平淡的经历，构成特殊的环境与背景。个人有超逸的才华，诗词的创作呈现独特的个性特征和鲜明的艺术风格。近代学者对其人其词评价甚高。王国维评价："纳兰容若以自然之眼观物，以自然之舌言情。此由初入中原，未染汉人之气，故能真切如此。北宋以来，一人而已。"朱祖谋称之为"八百年来无此作者"。本书的注评人也称"纳兰容若，他的词是人类最美好的情感光谱，如是八百年来第一首情诗只由他完成"。

◎ 粗浅品读

开篇一首咏雪词。《采桑子·塞上咏雪花》全词：

非关癖爱轻模样，冷处偏佳。别有根芽，不是人间富贵花。

谢娘别后谁能惜，漂泊天涯。寒月悲笳，万里西风瀚海沙。

喜欢这一句"不是人间富贵花"，也是名句，不同的人与不同的理解。感叹小鸟想做白云，白云想做小鸟。

康熙十七年（1678）十月，纳兰跟随康熙出巡塞外，惊讶于塞上的雪很凛冽，有着不同于中原的气势，便有感而发。我并非只爱着雪花轻盈飞舞的身姿，我也并非因为它的冷清而觉得它高贵，而是因为它的高洁是任何人间的富贵花都无法比拟的。自从谢娘故去，还有多少人可以真正了解它？痛惜它呢？雪在塞北孤寂地飘飞着，睹尽了寒月，听见了胡笳的悲怆，被凄厉的西风与悲凉的黄沙轮番击打着。

出身高贵淡泊名利的纳兰之所以写这首咏雪词，借景抒情，跟随皇帝身边却意在观赏雪景，是为了抒发自己不愿意做人间富贵花的感叹与无奈，显示他不贪图富贵、厌倦官场生活的心绪。这首词也显示了他出淤泥而不染的高尚情操。这份不属于俗世的洒脱和高雅是他多首词里的表达，也是纳兰的词和人的标签。

《采桑子·彤云久绝飞琼字》金句："人在谁边？人在谁边？""静数秋天，静数秋天。"这一首两用叠句。表达了纳兰思念苦无边，愁肠寸断的心绪。秋日清冷，心中的思念没有尽头。表现了纳兰为情所困的愁绪，令人读罢动容。

《采桑子·那能寂寞芳菲节》金句："夜已三更，一阕悲歌泪暗零。须知秋叶春花促，点鬓星星。"时光如流水，冲掉了发中的黑，也掠去了青春的梦。他这一生，一直都在为虚无缥缈的东西而付出着，郁郁寡欢，终了短暂一生。

《采桑子·九日》全词：

深秋绝塞谁相忆，木叶萧萧。乡路迢迢，六曲屏山和梦遥。

佳时倍惜风光别，不为登高。只觉魂销，南雁归时更寂寥。

九日，指农历九月九日。重阳节是中华民族的传统节日，民间也会有许多活动。这些活动大多和亲朋好友一起参与，是弘扬中华民族传统美德的一个关键节日。唐代诗人王维也写过一篇著名的重阳诗《九月九日忆山东兄弟》："独在异乡为异客，每逢佳节倍思亲。遥知兄弟登高处，遍插茱萸少一人。"两个作品虽然都体现了孤独、落寞、思乡之感。然而，在我们学科的教育教学中，王维的诗在一些教学场景和考题背景中，作为友谊和美德的象征经常被引用，而鲜有引用纳兰词的。是不是他的苦悲和忧郁太多。我们需要的是给学生的心灵洒播阳光和开朗，需要的是家国情怀和对生命的珍重和利他的亲情友情。

《采桑子·谢家庭院残更立》全词：

谢家庭院残更立，燕宿雕梁。月度银墙，不辨花丛那辨香。

此情已自成追忆，零落鸳鸯。雨歇微凉，十一年前梦一场。

燕子在华丽的雕梁上栖息，墙上被月色镀银。花香袭来，夜色昏暗，难以分辨发自哪一瓣。此情此景，已成追忆，犹如十一年前梦一场。诗画交融，入木三分，由景到人，相得益彰，道出心中的悲伤和世事的变幻无常。

《采桑子·明月多情应笑我》全词：

明月多情应笑我，笑我如今。辜负春心，独自闲行独自吟。

近来怕说当时事，结遍兰襟。月浅灯深，梦里云归何处寻？

这是纳兰嘲笑自己美妙春光暗自神伤，自寻苦悲的惆怅。可见他也为自己的多情而烦恼着，好像就连那天上的明月也在笑话。接下来的一首更让人觉得词人的百般惆怅，苦海一样的悲伤。《采桑子·谁翻乐府凄凉曲》全词：

谁翻乐府凄凉曲？风也萧萧，雨也萧萧，瘦尽灯花又一宵。

不知何事萦怀抱，醒也无聊，醉也无聊，梦也何曾到谢桥。

思念的悲伤，无奈的境况，究竟是谁令他如此悲苦地深深挂肚牵肠？谁翻乐府凄凉曲？作者心中自知，此句也是名句。

“电急流光，天生薄命，有泪如潮……往事水迢迢，窗前月，几番空照魂销。”诸如此类的句子，写尽了纳兰痛彻心扉的感伤与苦悲，时光荏苒，人生苦短，天生福薄，常常潸然泪下，想把心里的苦闷都写下，可是，说尽了一切，也无法消解半分愁思，只落得个“抽刀断水水更流”的愁苦小瀑布。

◎ 淡淡感悟

《纳兰词》有一个明显的特征，刚刚读时平平淡淡，仔细回想令人感慨万千，五味杂陈。梁启超评价《纳兰词》“眼界大而感慨深”。的确如此，纳兰将一个个汉字谱写成了一曲曲深情的美妙乐章。在所读的这些词中，三次用到“谢”字。谢家、谢娘、谢桥。这些有象征富贵人家、心仪女子、佳人住处的字词，也成了人们心中富贵之地和美好情愫的象征和梦幻字眼。

在今天，具有意象美、情感美的《纳兰词》，以古典之美滋养着人们的心灵，获得了许多人的喜爱。走近《纳兰词》，就是一次古典美的精神洗礼。读《纳兰词》，让目光穿越三百年的时空，和古人相遇，和美好握手。读《纳兰词》，感悟对生活、对生命、对情感的理解和珍惜。回首青春岁月，让目光聚焦当下，更应努力过好每一天。

不是人间富贵花，守初心不负韶华！

楚天一带惊烽火

——读《纳兰词》39—77页有感

严寒的冬日渐渐走远，窗外暖阳艳艳，期待早日城开。劳作之余，捧读温婉深情的《纳兰词》，走进唯美的意境。

39页到77页之间，有31首词，文学素养极差的我，边翻边想，咀嚼欣赏。时常感叹作为一个政治老师，多年来，课堂上需要教会学生从一大段甚至几段材料中看到问题的本质，才能领会教材的丰富内涵，才能答对千变万化的试题。这样的职业思维致使生活中，不觉间养成了收看新闻、关注时政、分析思考的习惯。而这些理论在生活中大多是空洞无用的。一直很羡慕那些语文老师，职业生涯中与语言文字、诗词歌赋为伴，教会学生的同时这些文化的精华也深深地镶嵌在自己的气质里和生活的无涯里。

◎ 粗浅品读

《凤凰台上忆吹箫·守岁》上阕云：

锦瑟何年，香屏此夕，东风吹送相思。记巡檐笑罢，共捻梅枝。还向烛花影里，催教看、燕蜡鸡丝。如今但、一编消夜，冷暖谁知？

纳兰的词，多为悼念亡妻而作，这首词看上去是写节序，实际上是借写节序抒发怀人之感，何时才能再拥有昔日那样美好的时光？今年的除夕只有锦瑟做伴，吹过的东风使相思之意更浓。是否还记得你我昔日共度除夕的情景？我们欢笑着在檐下来往，一起折梅枝；在灯烛的微光下争相看着为新年而作的燕蜡、丝鸡。而今的我却只能手里拿着一卷书，去消磨这除夕，谁又能知道此时此刻我的伤心与寂寞呢？上阕从往年守岁时的欢愉起笔，转而写到今岁的孤单，接下去对心境的描写和对眼前情景的描述，使作者对物是人非的感慨和对亡妻的怀念之情表露无遗，意蕴悠长，引人深思。

《凤凰台上忆吹箫·除夕得梁汾闽中信因赋》下阕云：

心知。梅花佳句，待粉郎香令，再结相思。记画屏今夕，曾共题诗。独客料应无睡，慈恩梦、那值微之。重来日，梧桐夜雨，却话秋池。

这是《纳兰词》中为数不多的意境欢快的作品之一。通常的除夕，纳兰都因思念亡妻而愁眉不展，感怀人生。唯独这次，在除夕之夜，收到友人远道寄来的信而万分欢喜。随即提笔表达对友人的一片思念与深情。下阕用虚笔表达，曲折有度。由“心知”二字领起，想起昔日的共处题词，今日独处的孤寂，对来日相见的期盼，段段思绪都是娓娓道来，其间借典取譬，深情婉转。令人想到李商隐的诗句“君问归期未有期，巴山夜雨涨秋池”。词人纳兰巧借妙用，信手拈来。既借词又借意，表达悲怆沉痛、不可解脱的困顿心境。

《金菊对芙蓉·上元》全词：

金鸭消香，银虬泻水，谁家夜笛飞声。正上林雪霁，鸳甃晶莹。鱼龙舞罢香车杳，剩尊前，袖掩吴绫。狂游似梦，而今空记，密约烧灯。

追念往事难凭。叹火树星桥，回首飘零。但九逵烟月，依旧笼明。楚天一带惊烽火，问今宵、可照江城。小窗残酒，阑珊灯灺，别自关情。

金鸭形的香炉飘香，计时用的银虬在不停地倾泻着流水，时光啊，你为什么这么快地流逝，今夜是谁家的笛声飞泻而出？帝王之宫苑园囿中雪止而初晴，用鸳瓦砌成的井壁晶莹冰冷。鱼龙杂戏演出完毕后你所乘之车远去，只剩下樽前袖子掩住了拭泪的吴绫。看似痴狂的游玩如梦幻一般，而现在只记得与你秘密相约在元宵之夜的灯火下。追忆怀念往事又苦于无所凭借，空是慨叹元宵日的灯事之景，回首自己内心只是飘零，情无所托。京城之通衢大道上，烟云缭绕，月色朦胧，灯笼所发出的光依旧明亮。而江南一带正有战事，而今晚那样的月色可否照在江城？小窗下酒将酌尽，灯火将尽，烛光微弱，这样的情景，那样的往事总是让人动情。

元宵佳节的京城，到处都是一片欢腾，唯独纳兰，睹景思人。想起昔日二人相伴在花灯下游玩，如今却只余一人孤苦伶仃，独自神伤，怀念往事，不觉想起远在南方的战火，加上眼前的孤灯残酒，难免黯然神伤。在他悼念亡妻的诸多作品中这是较典型的一首。用节日的欢愉和往昔的对比。楚天、江城、烽火，应了这个春节的非同寻常。这一首立即映入眼帘，引发无数感慨，没有硝烟的战场上，一定也在许多人的内心上演着如词人一样的黯然神伤。只是，哪有什么时间顾得上自己的柔肠。逆行的人们最值得景仰。

《虞美人·春情只到梨花薄》：

春情只到梨花薄，片片催零落。夕阳何事近黄昏，不道人间犹有未招魂。

银笺别梦当时句，密绾同心苣。为伊判作梦中人，长向画图清夜唤真真。

康熙十七年（1678），纳兰目睹“春来梨花开，风去梨花落”的情景，联想到了亡妻卢氏，为了表达对亡妻的思念之情，作下此词。为了和挚爱的妻子相见，情愿长眠不醒，相见在梦中，甚至对着她的画屏呼唤，试图让亡妻像真真那样走出画里，与自己相会。最真切地表现出了纳兰对感情的忠贞不渝。

本书这一页段的词大多是写节序节日的，古人往往在这样的时刻能睹物思人，缅怀往事，感怀人生。哪怕是在花好月圆的中秋之夜，更是如此。另一首词《琵琶仙·中秋》更是道出了词人的心情凝重。

碧海年年，试问取、冰轮为谁圆缺？吹到一片秋香，清辉了如雪。愁中看、好天良夜，知道尽成悲咽。只影而今，那堪重对，旧时明月。

花径里、戏捉迷藏，曾惹下萧萧井梧叶。记否轻纨小扇，又几番凉热。只落得、填膺百感，总茫茫、不关离别。一任紫玉无情，夜寒吹裂。

岁岁年年，头顶的那一轮明月是在为了谁而阴晴圆缺，夜风习习，桂花的清香随风飘荡，就连月色也显得如雪般清净悠远，景色是如此美好，可是在满怀愁绪之人看来却更觉得悲戚。

词人用充满伤感的笔触对中秋时节月下的景色进行描绘，表达了对昔日中秋时喜气月下的欢乐追忆，抒发了当今形单影只的伤感与悲叹，结尾的一句“总茫茫、不关离别”。又指出伤感并非因为单纯的离别，而是个中缘由纷繁复杂。最后描绘出寒夜幽咽的笛声一直吹到天明的情景，为读者留下无穷遐思的空间。没有了伊人的陪伴，没有那回眸的一笑，一切的快乐从此与我无缘。自古多情伤别离，伊人一去天堂，留下你如此伤心欲绝，为何？活在回忆里？曲曲柔肠碎。就像白居易所描“肠深解不得，无夕不思量”。

◎ 淡淡感悟

翻过这31首诗词，没能记住多少，只是觉得这些诗词的意境都很应景。除夕、春节、元宵、春天，今年也不寻常。疫情真是一个照妖镜，考验着千千万万的人性。对于不寻常的日子，作为一个平民百姓，倒也不焦虑，有工作要干，有任务要完成，每天忙忙碌碌，一个网线，世界相连，国家情况，世界大事，都在眼前，心有主见，不评判，不盲从，保持一个政治老师该有的姿态，干好自己的本职，看看想看的书，也很惬意，如果不惬意，也可以想办法惬意，久而久之，生活必将顺心随意。

纳兰写的悼亡词被认为是千古独绝，很少有人能比得上他的那份独有的哀伤。纳兰在妻子卢氏死后，虽然没有追随而去，但一生也没有走出对亡者的追忆。许多词句带泪滴血，京城的烟火、塞外的风光，在他眼里都是如血的残阳和荒凉的意象。白居易“我有所感事，结在深深肠”。纳兰的诗词总是留给后人无尽的遐想和美丽的忧伤。

也许，后人不知。王公贵族，高官厚禄的纳兰，有许多人艳羡又不可及的生活状态，可能他的人生经历过别人不知的风雪，也许，他的忧郁和哀伤是自作自受，他不知道享受活在当下的美好，而妄自多情，耗费生命。没能享受本该美好的人生。然而，这样独具才情、上流社会的人们奈何不知这些浅显的道理。就像作者评价的那样，他写出来的也许是他的冰山一角，也许在他内心曾经下了一场千年不化的大雪，抑或是一朵不会融化的小雪豆。现实不也是如此吗，就算是世间最喧闹鼎沸的《红楼梦》，最后也是剩下了“白茫茫一片”。铺天盖地的苍茫大雪，覆盖了短暂的快乐，留下的是绵绵无尽的伤痛。

人世间不会有小说或童话故事、电视剧里的那样美好陡转的结局，“从此，美好的人们快乐地生活在一起过着幸福的生活”，总是充斥着“一种相思，两处闲愁”的寂寥和“十年生死两茫茫，不思量，自难忘”的悲凉和“思悠悠、恨悠悠、恨到归时方始休”的愁绪以及“执手相看泪眼，竟无语凝噎”的无奈。这些经典，读起来看似唯美，背后总是凝结着无数悲戚的泪水。

特殊的2月，偶尔在《纳兰词》的世界里，品读古人诗情画卷，意境阑珊，祝福天下有情人快乐平安。

隔离的日子里，隔离病毒，隔离风雨，也隔离了阳光，隔离了相见。这几天形势向好，晚上，人们能在封闭区域内的道路上出来散步了，真好，一个来回一里，十个来回就是十里地，舒缓一下久坐的身心。那么一大群人，唯独和一个隔了几排的邻居因了孩子们小学同班，多年来自然而然地互相多看一眼，不同的职业，多方面的认识却一致。她是个明媚优雅的女子，有良好的家世和修养。穿衣打扮不落俗套，不是老师，文学及各方面素养不逊甚至高于老师。像许多有修养的人一样，闻名时也许会觉得不可及，走近后就会感到内在和外在一样的美丽。我们谈论的既有心中的诗和远方，更有日常生活如何经营自己的厨房。步伐时快时慢，步调出奇一致，在人群中快步走过，偶尔给人打个招呼，也偶尔会给人们说笑一通但不久留。不是清高，而是只想发现周围的美好。

楚天一带惊烽火，万众一心祛病魔。春日花已开，祈愿国泰民安，众生良善无忧烦。

淡月淡云窗外雨，一声声

——读《纳兰词》78—116页有感

喜欢一个人走在细细的雨里，有雨趣而无淋意。倚窗听雨更有一份美丽悠然的惬意。此时，窗外细雨霏霏，仿佛是对世界的润泽和清洗！

开始想写这篇小文时是3月28日。那两天，天一直下着雨，想起来"三月里的小雨，淅沥沥沥沥沥淅沥沥沥下个不停"这句歌词，想到怎样在《纳兰词》的意境里记录忙碌的3月。五加二，白加黑，时光匆匆如流水，38页的书也不曾看过几眼，遗憾千古名词在我一个政治老师的笔下索然寡味，一口白开水也不如。但是我还是想用它来给我的3月留下一些意义。3月的最后几天，天气也不很晴朗，疫情又有新的情况出现。随手翻看，这些词也巧合了这天气，就索性和词人一起来听听古代的雨是如何下在了一个情深义重的人的心里。

◎ 粗浅品读

《浣溪沙 · 莲漏三声烛半条》：

莲漏三声烛半条，杏花微雨湿轻绡。那将红豆寄无聊？

春色已看浓似酒，归期安得信如潮。离魂入夜倩谁招？

寂静的夜晚，在这烛光轻摇透着寒意的夜间，寂寞的闺中人推开小窗。任凭杏花春雨轻拍自己的脸庞、发丝和衣裳，蓦然发现寒食节近了。如今的春光已经好像那香醇的美酒一样浓烈，令人沉醉。这首词写出了闺中人对于离家已久却迟迟未归的丈夫的深切想念，写出了盼离人归来的殷切心情。可是他的归期，怎能和定期到来的潮水一样准确无误呢？闺中人万般无奈，只好盼望与他梦中相逢。这是词人在用女子之口抒发分离之情，思念之苦。春光再好也难掩自己的苦楚，尽情地表达了自己对亡妻的思念之情。人生最苦是相思，但悲不见离人应。

《浣溪沙·雨歇梧桐泪乍收》：

雨歇梧桐泪乍收，遣怀翻自忆从头。摘花销恨旧风流。

帘影碧桃人已去，屧痕苍藓径空留，两眉何处月如钩？

这首词依然表达纳兰的怀人之心，寄托相思之意。此种雨打梧桐的景象与离愁别绪中融进了一个“泪”字，漫天秋雨就是他的眼泪，梧桐也在为他而伤心。从古至今，人去楼空、物是人非，都会引起人们无限的感慨，而词人流露更多的则是内心的孤寂与空聊。两眉何处月如钩？月缺是思，月圆是念，真是景语皆心语。

《浣溪沙·大觉寺》：

燕垒空梁画壁寒，诸天花雨散幽关。篆香清梵有无间。

蛱蝶乍从帘影度，樱桃半是鸟衔残。此时相对一忘言。

看到大觉寺如此宏大，感受着走在僻静寺院里的宁静之感，不禁由衷地感慨道：“此时相对一忘言。”这首词是纳兰的游记。表面看上去的荒芜残败的情景，他却隐约闻到了清幽的篆香。若有若无的诵经声阵阵传来，这时蛱蝶从帘子下飞过，鸟儿啄去了树梢上的一颗樱桃。透过宫阙般的古庙和缭绕不绝的神圣梵音，他看到的却是田园之景。假如不建古庙，说不定就是小桥流水、夫唱妇随，自然界中最平常的田园之乐，可偏偏这儿不是。此中必有真意，想心领神会，但只能相对妄言。

此中有几分消极，可与这景色相配也反而有了一种别致的韵味。心不同，思不同，所见即不同。

《山花子·林下荒苔道韫家》：

林下荒苔道韫家，生怜玉骨委尘沙。愁向风前无处说，数归鸦。

半世浮萍随逝水，一宵冷雨葬名花。魂是柳绵吹欲碎，绕天涯。

这首词有着非常美的意境，是《纳兰词》里的极品佳作，流露出了纳兰独特的淡雅气息，好像是一朵绽放在幽谷深处的兰花，品格独特，清幽淡雅。词的开篇直抒胸臆，纳兰用了一个他在许多词中都曾用到的典故，那就是道韫家。谢道韫的家本来就在这幽僻的地方，可现在却是一片荒凉了，从前的女才子，如今芳踪难寻，她的住处在风吹雨打中渐渐破败。光阴无情啊，从前她美丽的倩影，现在早已被埋葬在一片黄沙下，事实上纳兰是借写谢道韫影射自己温婉贤良的妻子永远地离开了，再也无法相伴左右。无可奈何中，纳兰只好“愁向风前无处说，数归鸦”。把自己的悲与情刻画到极致。不仅写悼亡，而且写到了自己，二者互相结合，词意词境令后人不断吟诵。弱水三千，我只取一瓢饮，只有你，永远静静地居住在我的心里。

《摊破浣溪沙·一霎灯前醉不醒》：

一霎灯前醉不醒，恨如春梦畏分明。淡月淡云窗外雨，一声声。

人到情多情转薄，而今真个不多情。又听鹧鸪啼遍了，短长亭。

这首词抒发的是离恨之情，一盏古灯下沉醉不醒，又害怕醒后的梦境与现实无法交融。窗外云淡风轻，细雨无声。人们说，如果太多情，那么情义就会淡薄了。但是窗外又传来了鹧鸪的啼鸣声。不知道长短亭处会不会有人驻足聆听。这首词写得哀伤低沉，太过自怜自伤，纳兰自己也说，“人到情多情转薄，而今真个不多情”。唯有品尝过离恨情苦的人才会有这么深的体会。“淡月淡云窗外雨”，风淡云轻，朦胧迷离，仿佛要垂泪的样子，把离愁写到了极致。纳兰不能忍受分别之苦，更愿意长醉不醒，在梦里与爱人相聚，可是人世间怎么可能没有离别呢，只好祈求时间尽快冲淡别后的感伤。人生处处有别离，但愿你的心思，长眠地下的她能在梦中与你会意。

◎ 淡淡感悟

雨是那天上的泪，泪是这地上的雨。雨泪相对，情景交融。雨为谁飘，泪为谁流。这些唯美的诗词给后人留下无穷的遐思，也给古典学者提供了研究的美丽典籍，就让我们在别人的研究中去探寻古典诗词的渺然境界吧。我还是来记录3月的平凡吧。

3月，新闻里看到援鄂医疗队陆续返回的报道，那依依惜别的感恩感谢之泪，那胜利归家的重逢之泪，无数观众的感动之泪，和着天地的雨泪一起，洗刷着这个世界。我们要看到，灾难之下的中国危中有机，我们学科的教师也能从中看到教育教学的极好资源和契机。

3月，作为老师，“风声雨声读书声”虽然被隔在了门外，但“家事国事天下事”，依然在眼前。网络教研，网上教学，许多老师都是工作量倍增。我们也不例外，时不时有人不理解，仿佛我们的工作很清闲，其实我们的工作，认真起来很消耗体力和脑力，需要持久的耐力和专注力才行。这非同寻常的3月，命制全县九年级统一在线考题，需要隔天一份中考模拟练习卷，一些学科更多更忙碌。做志愿者讲座，网络研修，其他临时性的小活儿等，让这些日子变得极其充实而有意义。为了两个大任务，“闭门造车”，字斟句酌，至困惑处，学习、研磨、交流，一改再改，终于最后一天夜里的12点前按要求上交，顿觉身心轻松，收获颇丰。

待10日完成县里期中试题的命制工作，要写一篇小文赞一赞我们学科群里的政治老师。战“疫”的日子里，为学科，无私奉献，任劳任怨。他们一边上网课，一边教研。有的老师有问题发在群里，总是有人耐心地回答。有的任务需要协同完成，任务一经发出，没有人推辞，录视频、做试题的解析版，一轮又一轮，有的老师，家里有急事或学校开会，也总是在忙完后第一时间提交，让年轻老师学习。大家尊重自己的学科和专业，我们的学科和专业就会有好的发展，中考就一定能取得长足的进步。当然，成绩的取得也是有多方面因素的，倘若不能，我们也因尽力而无悔。在我进入的几个学校微信群里，领导和老师们像平时一样，从早到晚“披星戴月”，为了学生“喊破嗓子”使尽法子。教育上不去，原因太多。为了教育，为了成绩，老师们很用心用力。

3月，疫情向好，小区解封后的一个下午，儿子带我去河边转了一圈，也算享受了春日的明媚和自由的珍贵。

“淡月淡云窗外雨，一声声。”何处不成愁，欲语泪先流。哀怨凄楚、清新婉转、句短情长的《纳兰词》是中国古典诗词中一朵绮丽的花，曾经装点过无数人的悠悠岁月，也必将使今人的生活因为有了它的意象而充满了对真情的无限向往！

寂寥行殿锁，梵呗琉璃火

——读《纳兰词》117—155页有感

又到初中毕业年级一模考试时，我不由得想起办公室内外的花草，在这个特殊的春季，一样静静地开放，一年时光飞逝而过，是该纪念一下了。“前窗一抹绿色，后窗一米阳光，左手书和远方，右手题和课堂！生在中华之家，感恩世间美好。段考了，九年级……”

作为一个政治老师，观世界风云，看生活万象，特别的年份，特别的感悟。感恩我们的国家，感恩我们的制度。“此生无悔入华夏，来世愿在种花家。”4月的最后两天，在《纳兰词》的情意世界里，听歌、赏花、对比考试解析与检测、监控改卷，享受工作和生活的优雅惬意。

◎ 粗浅品读

《菩萨蛮·黄云紫塞三千里》：

黄云紫塞三千里，女墙西畔啼乌起。落日万山寒，萧萧猎马还。

笳声听不得，入夜空城黑。秋梦不归家，残灯落碎花。

一首边塞诗，豪放大气：狂风吹来，黄沙漫天，飞舞在一望无际的北方大漠上，一只孤独的乌鸦在西边的城墙上，一声接着一声地鸣叫，让人无限感伤。词人离家来到边塞，千里之隔，生出思乡之情。开阔的视野，苍茫的色彩，在心理上很容易激发起人的思绪和想象力。这首词在风格上，无论是意象的运用，还是情感的变化都同唐朝时期“秦时明月汉时关”“大漠孤烟直”等的边塞诗相仿。虽然写边塞的诗很多，但写边塞的词却不多，写得好的就更少啦。边塞诗词很容易让人联想到苍凉与豪放，比如“大漠孤烟直，长河落日圆”就是如此。纳兰的边塞作品却有不同的气质，但纳兰的犹豫特点在词中更多展现，一反刚健与豪迈而充满了温暖柔美，在情景的交融方面也更加巧妙，由豪迈转向凄凉，这是角度的转换，也是心境的提升。这是《纳兰词》艺术的一大特色。

《菩萨蛮·萧萧几叶风兼雨》：

萧萧几叶风兼雨，离人偏识长更苦。欹枕数秋天，蟾蜍早下弦。

夜寒惊被薄，泪与灯花落。无处不伤心，轻尘在玉琴。

风雨潇潇，落叶片片。秋夜里，数着长更，更长愁更长。这时候，斜靠在枕头上，仰望星空。月亮已经经过了上弦，慢慢趋于圆满。秋风秋雨，寒凉惊心。罗衾不耐，孤枕难忍。号角催晓，漏滴花荫。泪花伴随着灯花，被烧成灰烬。没有一个地方不让人伤心。瑶琴知我意，也早已蒙上了一层薄薄的灰尘。

灯光摇碎了夜晚，泪滴从脸上滑落。虽然整首词没有具体地描写孤独，但整体营造出的孤寂之感却十分深刻，“泪与灯花落”，一个人独对孤灯，默默流泪，整个夜晚都黯然神伤，无边无际的哀伤，只能寄予玉琴，却无知音。琴声起，惆怅生，孤独的色彩也就更加浓郁。小姐姐玉琴的名字原来在这里找到了出处，有如此富于浪漫和唯美的意境。

“家家争唱饮水词，纳兰心事几人知？”曾有人说过，纳兰多情而不滥情，伤情而不绝情。在他的词中有大量的“悼亡之吟”“知己之恨”，因而人们争相传诵，对他的词敬畏有加。这是一首表达内心寂寞和孤独的词，也是纳兰以景抒情的代表作。

《菩萨蛮·晶帘一片伤心白》：

晶帘一片伤心白，云鬟香雾成遥隔。无语问添衣，桐阴月已西。

西风鸣络纬，不许愁人睡。只是去年秋，如何泪欲流。

门上的水晶帘子在摇晃，惨白的月亮映照出内心的伤痛，离世的人被隔在世间之外，美丽的头发动人的气息早已无影无踪。李白《菩萨蛮》词有“寒山一带伤心碧”，指日暮之时，山色转深。伤心是极言之辞。伤心碧即山色深碧，伤心白即极白。在月光的映衬下水晶帘看上去一片白。水晶帘内端坐的美人已然不在。“云鬟香雾”一词出自杜甫名诗之一《月夜》，明白杜甫藏在“香雾云鬟湿，清辉玉臂寒”后面的相思凄苦。在这首词中，“云鬟香雾”是指纳兰深爱的妻子，再结合杜甫的《月夜》，更增加了一分离别相思之苦。纳兰怀想从前的日子，月已落，夜已深，妻子坐在身旁，软声细语，并为自己披上衣衫，两人在树下相依相偎，谈天说地，犹如葡萄架下正在欢愉的牛郎织女。那时那刻何其温馨，真是胜却人间无数。然而，却如李清照《武陵春》中所言：“物是人非事事休，欲语泪先流。”此情此境，让人哀伤不已，千般滋味无人可诉，只能化作相思泪。“只是去年秋，如何泪欲流。”爱无驻，意难平，所见一点一滴皆成心中景。

《菩萨蛮·飘蓬只逐惊飙转》：

飘蓬只逐惊飙转，行人过尽烟光远。立马认河流，茂陵风雨秋。

寂寥行殿锁，梵呗琉璃火。塞雁与宫鸦，山深日易斜。

这首词感慨国家兴亡，在纳兰作品里十分少见。路上行人渐渐少了，风景也越来越寂寥，在人无法看清楚的远处，亮起了一片烟火。此处的描写是纯景色的，却揭示了纳兰内心的孤独，纳兰骑马来到一个空旷的地方，景色没什么好看的，也没有太多行人，当他想借着河流来辨别方向时，茂陵出现在眼前。茂陵的出现揭开了一段王朝的兴衰史，帝王之墓，亦是一个王朝之墓，在已经消失的朝堂上，那位因深爱的女人而郁郁逝去的君主是那般令人唏嘘。明宪宗朱见深并非一位明君，而是一个至情至性的男儿，他一生的挚爱是一个大他19岁的宫女——万贞儿，就是后来的万贵妃。成化二十三年（1487）万贵妃暴亡，朱见深也因悲伤过度于数月后去世。因此站在埋葬明宪宗的地方，纳兰的心里分外悲凉。冰凉的历史不会为任何人做出改变，无情的历史也不会放过任何人，时光滑落，万物的鲜嫩与苍白，都将被记录。从前的繁华和荣耀，到如今只剩下盘旋的大雁和悲鸣的乌鸦，它们在寻找昨天，还是在追逐明天?

◎ 淡淡感悟

纳兰的词表现在对友情的珍惜、对国家的忧虑、对自然的咏唱、对爱情的执着之上。从这些来看，文学史上最深情的男人，非纳兰容若莫属。他从书中走来，带着旷世的深情，看待世间万物，他笔下的一草一木，都浸润着相思的泪珠。

随手拈来的“当时”“只是”等词语让他的词有情真意切的自然之美，因“清水出芙蓉，天然去雕饰”而深受后人的崇敬和感动。纳兰曾被誉为清代第一词人，还有人把他称为李煜转世，在中国词坛中，悼亡词很多，然而，纳兰被称为是其中的大手笔，不能不说，这与他的情真有关。词人正如他的名字一样，本身就是一阕俊秀的词，任凭时光流转，清香依旧，就让他的深情永驻于他的词中，独享安然吧。

“寂寥行殿锁，梵呗琉璃火。”一把锈迹斑斑的铜锁，锁住了行宫大门，也将旧时的热闹与繁华锁在了时空深处。前段，疫情就如这把锁，把人们的行动深深锁住。特殊的时期，很少进入人多的地方，下午进入超市，购买必需品，看到超市里已经恢复了往日的生机，人们的脸上挂满笑意。近几日不时翻看这一部分的《纳兰词》，总想找到一句应时应景的语句来点睛，然而，难以如愿，可能是我的解读太过粗浅，阅历太过贫乏，建立不起来合理的联系，只有用这一句来做标题。

重要的是，我翻看古诗词，是想从中找到与我的课和考试题有关联的词句，让他们来优雅和丰厚我的课堂和我的考卷，然而在对《纳兰词》接近一半的浅淡品读中，没有找到适合的句子。今天终于看到一首感叹国家兴亡的词，但由于意境太过凄丽和温婉，而且意蕴太过隐含而不能入题。这也让我多少有点失望。今天看到官方报道说全国两会召开的日子定在了5月下旬，这真是一个特大好消息，漫长的春天终将过去。

“人间四月芳菲尽，山寺桃花始盛开。”相信祖国母亲经过大考之后步伐必将更加康健，伟大的祖国必将繁花似锦！好好工作和生活就是最好的爱国！

人说病宜随月减，恹恹却与春同

——读《纳兰词》157—195（200）页有感

5月立夏过，草长莺飞，绿肥红瘦，云卷云舒，万物进入生长的旺季，到处都是一派生机勃勃的景象。有了夏的生长，才会有秋收冬藏！

5月的第一天是“国际劳动节”，也是全球劳动人民共情最高的节日。正是历史上的这一天，确定了人类8小时工作，8小时休息，8小时自由支配的全新作息规则。这个美好庞杂的世界，总是离不开耕耘者默默的付出与创造。

对于一个普通人来说，5月依旧耕耘自我，孜孜不倦，出考题，复习备考，线上线下，心系学科。面对考试成绩，虽然感到有时付出不一定有好的收获，但是尽心了就没有遗憾，全县成绩的提升是一个综合的考量，我们所能做的就是尽心研究教材、研究考向，并把这些尽力地落实在考试题中。

五一假期，外出赴宴，除了友情亲情的重续，值得学习的还有遇到了当年的女神范，如今的“萌奶奶”。嫂子年轻的时候漂亮能干，名震一方，干过供销社的营业员，那时候“站柜台”的可是众多人追捧的对象，还干过某大公司的业务经理等。直到如今，嫂子高挑的身材、典雅的容颜、大气的格局一直是我们老乡和众多认识她的人心中的偶像，我们都尊称她为官大嫂。这次近距离接触，已经退休在家的嫂子穿着打扮依旧自成风格，不仅与同辈、晚辈的谈笑让每个人都感觉舒服，更重要的是让人看到了她的另一面，对孙女的慈祥可亲和耐心。这时候，能放下自己的女神范，与孙女之间交流，童声童趣、童言童语，俨然成了孙辈心中可爱的“萌奶奶”。虽然岁月流走，童心犹存，角色转变，芳华依旧在。如果是在三百年前被那纳兰撞见，也一定是词人笔下的美艳。

5月的最后几天，离下一次考试交题还有一小段时间，走出来几天，才能更好地走进试题。随手翻看《纳兰词》，在词人淡淡的忧郁和哀伤中度过身体困顿的日子。

◎ 粗浅品读

《长相思·山一程》：

山一程，水一程，身向榆关那畔行，夜深千帐灯。

风一更，雪一更，聒碎乡心梦不成，故园无此声。

这一首被称为纳兰词的代表作之一。

清康熙二十一年（1682）二月十五日，康熙皇帝平定云南，出关东巡，祭告奉天祖陵，纳兰护驾伴随康熙帝到福陵、永陵、昭陵祭祀。二十三日出山海关，此时塞外大雪纷飞，气候苦寒，面对此情此景，纳兰想起了位于北京什刹海的家，因此作下了这首词。

开篇说明了塞上风景凄迷，路途遥远，“山一程，水一程”，就好像亲人送别了一次又一次不忍回头，亲人的身影不时地闪现在山上河水边。“身向榆关那畔行”，因为职责在身，一行人马不停蹄地奔向山海关。“夜深千帐灯”，是写康熙帝率领众人晚上野营的情景，篝火与星空相互辉映，别有一番壮观景象。

“山一程，水一程”和“风一更，雪一更”两种情境互相映衬，也体现出词人早已深深地厌倦了这种四处飘零的扈从生活。山高路远，塞上的苦寒天气使遥远的路途显得更加望不到尽头，就连阳春三月也会暴雪纷飞，朔风怒吼。从“夜深千帐灯”的壮观到“故园无此声”的哀婉，词人将自己的生活经历真实而生动地嵌入词中，使情景描绘与自身感情巧妙地融合在一起。

此词最容易打动人心的就是“山一程，水一程”的异乡飘零、梦归故里的意境，看似直白铺陈，不事雕琢，实则在平淡中更显内心的无奈、感慨之情。感情充沛，深沉内敛，就像树间春风回旋游荡，凄厉哀婉。后人对此词评价颇高，大师王国维曾说，“容若词自然亲切”。

《落花时 · 夕阳谁唤下楼梯》：

夕阳谁唤下楼梯，一握香荑。回头忍笑阶前立，总无语、也依依。

笺书直恁无凭据，休说相思。劝伊好向红窗醉，须莫及，落花时。

词人采用最典型的开场直白拉开故事的序幕，女子从楼梯上走下来，纤纤素手中握着一把香草，那种植物特有的清香有一种好闻的青涩味道，如同男女初见时特有的感觉。整首词清雅艳丽，格调欢娱而略显忧伤。初读联想意境，不由得让人想到李清照的名句“和羞走，倚门回首，却把青梅嗅”。“总无语，也依依”，更形象地描绘出女子那种初见时的娇羞和审慎姿态。“回头忍笑阶前立”，一下子变得什么都不说，让人猜不透。

随心联系一下，是不是也与顾城的一首诗有相似的意境：

早晨，阳光照在草上/我们站着，扶着自己的门扇/门很低，但太阳是明亮的/草在结它的种子/风在摇它的叶子/我们站着，不说话就十分美好/有门，不用开开/是我们的，就十分美好……

从古到今，初见都是美好的，再见依然是难能可贵却不多见的，也因此有了古语“初心易得，始终难守”。也正如哲人所云：“人啊人，在能够拥有的时候，千万要珍惜。”

《临江仙·寒柳》：

飞絮飞花何处是，层冰积雪摧残，疏疏一树五更寒。爱他明月好，憔悴也相关。

最是繁丝摇落后，转教人忆春山。湔裙梦断续应难。西风多少恨，吹不散眉弯。

这也是一首纳兰的代表作，后人评价极高。柳絮杨花随风飘到哪里去了呢？原来是被冬日的积雪冰层、严寒的风摧残了，五更时这株柳树只显得凄冷萧疏。皎洁的明月无私普照，无论柳树稀疏还是繁茂，都把自己的光芒给了它。特别是在这柳丝摇落的时候，我更免不了回忆起当年的那个女子。如今斯人已逝，即使梦里相见，可慰相思，但好梦易断，断梦难续。遂将愁思寄给西风，可是，再强劲的西风也吹不散“我”眉间紧锁的不尽忧愁。

冬天过去迎来了暖春，绵延的春山像一抹黛色，如同爱妻的眉毛一般生动，但纳兰并不为好时节的到来而激动，自从爱妻逝去，他的世界就再没有了春天，因此，在末句发出了“西风多少恨，吹不散眉弯”的感慨。在这凝重的叹息声里，包含了无尽的悲凉与感伤！

在对这一部分《纳兰词》的浅淡品读中，我越来越发现词人化用典故的妙处。在前面也发现了这一写作的巧妙，本部分最多。随手拈来的“青衫湿”“绿叶成荫”“强拈红豆”“千点泪”“玉钩斜”“丹青手”“夜雨铃”等等，正是有了这些典故的妙用，用心用情，才有他走进去出不来的“聒碎乡心梦不成”“一片伤心画不成”。也让人想到所谓“文章本天成，妙手偶得之”说的只不过是背后的饱读诗书、博览群书之后的厚积薄发而已。

◎ 淡淡感悟

《纳兰词》不但有直至人心的犀利，而且拥有春风般的绵柔。我们可以从他的悼亡词中感受到最悲戚的相思与最惆怅的怀念，令人欲语泪先流。然国家大事很少出现在他的词中，他的词没有豪言壮语，甚至也很少描写名山大川的壮丽景象。也因此要在政治考试题中运用，也只能是抽出其中的某一句做某些选项的区别和陪衬而已。

纳兰出身富贵之家，却没有像其他男子一样三妻四妾，纳兰的爱苍天可鉴，只可惜他一直都活在凄苦的记忆中，就像他的词一样，“红袖谁招曲槛边，飏一缕，秋千索”。阅读这些词，能感觉到作者沉浸于自己的世界中，或悼念、或缅怀、或哀叹，仿佛无人能懂他的孤独，他的灵魂只属于他自己，虽然人仍然活在这个世界上，可灵魂早已随人而去。假如他能有陶潜的两分豁达，在失意时还能有“采菊东篱下，悠然见南山”的恬淡情致，或者有李白的三分洒脱，就算散尽千金，还能“仰天大笑出门去”，又或者有苏东坡的五分达观，就算官场几次受挫还要与清风明月做伴，泛舟出游，观“山高月小，水落石出”，也许就可以快乐一些、乐观一些。然而他的心中悲苦无处排解，恰恰又不懂潇洒，人似落花，情如烟月，在风华正茂、才学横溢的年纪便终结人生，这就是人们常说“情深不寿”。让人不禁生出“问世间情是何物，直教生死相许”的感叹。

人常说：一生短暂，唯爱和时间不可辜负，生活需要铭记，生活仍将继续。

但愿日子清平，所遇都是柔情。

5月平凡的日子里，遇到过许多让人内心柔软和开心的事。母亲节，有学生要地址，不给。然而，在这个信息时代无所不能。收到学生小芳寄来的礼物，真心责怪她不该花钱，可看到她那暖心的话语也让人感到做政治老师的欣喜。想到刚毕业的那几年，有学生称我是姐姐，再后来有学生感到叫姐姐不礼貌，叫我“姑姑”，再后来是阿姨、干妈。而这次，竟然直呼“妈妈，这是女儿的小小爱意”。师生关系如此，做老师的感觉真好。

5月农民收麦，老师备考，焦麦炸豆如此。平时复习备考出题忙，闲暇时间写文章，耕耘无闻何收获，总有惊喜来相约。年前县局师训科领导让上交文章，我就把以前随意写的学科思考文章上交。前几天看到省教育厅公布的征文结果，一篇文章《爱心烹制“五味”课堂——我的教学主张形成记》获奖。最近，又写出一篇阅读感悟投出，说不定哪一天又有好消息发生。要相信，只要耕种，美好的事情总是即将发生。

今天又得知远在浙江的美好的人儿郑英老师给我寄来一本她的新作《课堂，可以这么有声有色》不胜欢喜。她美丽的身影站立在课堂，把“生活因学科而美好”的理念诠释得恰到好处。作为一个政治老师，她的“教育，向美而生”的观点与我同频。因发表文章与这样美好的人们相见，也是坚持的结果。坚持就会与更多的美好相见。

“人说病宜随月减，恹恹却与春同。”人们都说疾病会像满月减损成残月一般，慢慢减弱，无奈这倦怠的感觉，正如春天浓郁的慵懒气息。从唯美忧郁的本部分《纳兰词》中“断章取义”一句来作为本文的题眼吧。5月的开头几天和最后十多天，淡淡疼痛再次来袭和困扰。在这令人忧郁和隐隐作痛的日子里，依然“珍重好花天”，坚持上班每一天。相信，坚持是一种信念，坚持是一种力量。

湿尽檐花，花底人无语

——读《纳兰词》200—238页有感

春花开谢，夏花绚烂，5月走过6月忙，时光转瞬年又半，“绿树阴浓夏日长”。6月初，告别又一次身体小不适之后，身心轻松，迎来一个个平凡忙碌而有意义的日子。县里的几套模拟题的命制和上交，七八年级期末试题的上交，自己的省级课题成果评审资料的整理，去年所带的一个市级课题结题资料的整理，县里市教研室课题立项材料的整理，西平备考会，县里湖阳、上屯、黑龙镇、祁仪的下乡送教备考讲课，小六抽考的巡考保密工作。充实的6月，忙碌后的轻松和对课堂进一步思考的提升和愉悦。

随手翻看《纳兰词》，看见自己所看见的美好，用它清新唯美的意境，渲染每一个即将到来的明日。

◎ 粗浅品读

《河传·春浅》：

春浅，红怨，掩双环。微雨花间昼闲。无言暗将红泪弹。阑珊，香销轻梦还。

斜倚画屏思往事，皆不是，空作相思字。记当时，垂柳丝，花枝，满庭蝴蝶儿。

这是一首篇幅简短的小令，节奏感极强。“春浅，红怨，掩双环”，委婉生动，句式灵活，韵脚灵动，风格清新曼妙，格律鲜明。春雨渐浅，落红满地，感伤处，掩门，不知何时竟飘雨。眼泪无声无息，心里无限惆怅，只好在梦中与你相遇。思往事，皆不是，从前人，从前景。记否，当初，柳丝轻垂，花间枝丫，落满地。

【河传】作为词牌，不常见。知识匮乏的我也是第一次看见。相传是隋炀帝杨广首创，由唐朝才子温庭筠完善而成，纳兰的《饮水词》，收录的词作有349首之多，而只有这一首采用了这个词牌。在这首词中，纳兰用短短的50余字，描述了一个完整的故事。他没有像大部分文人墨客那样用秋叶、归雁、冷风来渲染自己的愁绪，而是用惜春逝春之情来带动悲愁的情绪，在时间和空间的置换中完成词作。此时与李煜的“林花谢了春红，太匆匆。无奈朝来寒雨晚来风。　胭脂泪，相留醉，几时重。自是人生长恨水长东”有异曲同工之妙，然不及后者的曼妙和文学水准之高、流传之广。纳兰的这首词是矛盾的，由表及里，从前到后。表面看节奏明快欢心，而内涵却哀伤凄绝，内心纠结万分，欲归而不能，欲思而不得。这份矛盾之情，从笔墨之间流露出来，显得悲欢交加，也许这就是纳兰心境最真实的写照吧。

《如梦令·木叶纷纷归路》：

木叶纷纷归路，残月晓风何处？消息半浮沉，今夜相思几许？秋雨，秋雨，一半西风吹去。

这首词抒露着情思深苦的绵长心境。全词用自然真切、简朴清爽的白描语句，描写对妻子的思念，真切感人，有“天然去雕饰”之美。词人走在落满枯叶的归途中，想起过去经常与心上人一起在这里散步，然而这条充满了回忆的道路，此时却只剩下无边的思念与惆怅，“秋风秋雨愁煞人”。这首词依然体现《纳兰词》的鲜明写作特色，即灵活运用前人意向和名句的精妙“化用”。屈原《九歌·湘夫人》中的“袅袅兮秋风，洞庭波兮木叶下”；杜甫《登高》里的“无边落木萧萧下，不尽长江滚滚来”；庾信《哀江南赋》里“辞洞庭兮落木，去涔阳兮极浦”。这些巧妙的化用把“木叶”这个本身具有很强艺术感染力的意象推向一个更高的艺术境界，而成为抒发伤秋的典范之作，被后人称道。柳永《雨霖铃》里的“今宵酒醒何处？杨柳岸，晓风残月”，辛弃疾《满江红》里的“被西风吹尽，了无尘迹”，形象地刻画了一个寂寞古人此时、此地、此生无我的真实心境，“一半西风吹去”。

《好事近·帘外五更风》：

帘外五更风，消受晓寒时节。刚剩秋衾一半，拥透帘残月。

争教清泪不成冰？好处便轻别。拟把伤离情绪，待晓寒重说。

这首简短小词，由景到人，由寒意到孤独伤感，抒发相思之情，好像是在回忆寻找从前的快乐，又像在悼念妻子逝去后产生的感伤之情，耐人寻味、扑朔迷离，有重情重义的感动，也有迷离悲痛的纠结。开头一句“帘外五更风，消受晓寒时节”直言生命不可承受之重。珠帘外传来了五更的寒风呼啸声，这么寒冷清冽的早上真是令人无法忍受。和妻子分离之后的感伤真挚动人。“争教清泪不成冰”以承接上阕的感情，直接单纯的描述，把糟糕的心情刻画得淋漓尽致。

《纳兰词》善用直白描述法，把情短苦长、人生苦短的感情纠葛入木三分地描写。这首悼亡词不仅把悲痛之心写得淋漓尽致，既然相爱的人总会有分离的那天，那当时为什么还要那般用情，一直到现在无法排解悲愁。这也是天下痴情人共同的疑问和困惑。和现世的“问世间情是何物，直教生死相许”“既有今日，何必当初”“初心易得，始终难守”的追问有穿越时空的异曲同工之妙。然而，在这一首词的最后，纳兰又给出了答案：“拟把伤离情绪，待晓寒重说。”如果相爱就去爱，假如爱不在的时候再后悔也无济于事，生死难料，唯爱永恒。这是作者对自己的告诫和对后人的教导，然而，道理心自明的纳兰，却一生走不出自己的困境。

◎ 淡淡感悟

随着对本书阅读页面的深入，越发觉得自己文学素养的匮乏和诗词功底的肤浅，只是停留在学生时代记忆的一些名篇或名句，对其他篇章的理解颇为艰涩，有的只好借助于一些译文才能看懂，有的需要反复翻看。因而，本次品读的三篇都颇为简短清新，相对容易理解。以点带面，借助浅薄的联想，也更加感到中国诗词文化的丰富内涵和历久弥新。其间也学到了不少新的知识，或对以前不解的问题有了新的认识。比如对于【如梦令】这个词牌的认识，以前只知道李清照的“……沉醉不知归路……争渡，争渡，惊起一滩鸥鹭”和“……试问卷帘人，却道海棠依旧。知否，知否？应是绿肥红瘦！”同样是写暮春时节的春残景象，在李清照的笔下虽然也含伤感因素，然更多显现的是对自然的赞歌和优美宜人的意象，而被称为【如梦令】的传世名篇。这由作者所生活的环境和自己的心境等因素所致。

这一部分的翻看中又了解了一个新的词牌，前边提过的【河传】。也知道了“山海几经翻覆，女墙斜矗”中的女墙在前边的词作中已经出现过。那么，和如今人们常说的女儿墙到底是不是一个意思？记得20年前，自己家建房子时，听到“女儿墙”之说，就问为什么叫“女儿墙”，人们说不知道，只是听大家都这么叫。如今，搜索一下便可知道关于女儿墙的好多解释。

《辞源》里说，女墙是城墙上面呈凹凸形的小墙；建于城墙顶的内侧。女儿墙一般比垛口低，起拦护作用，是在城墙壁上再设的另一道墙，是“城墙壁的女儿也”。当然网上也还有一些与古代女子有关联的解释，在此，不去一一考究。牵强附会一下，词中的女墙，就是城墙上的矮墙的意思，矮墙意即附属的墙，古代女子在社会中没有地位，一直附属于男子，这是不是叫“女儿墙”而不叫“男儿墙”的缘由呢？总之，女墙的叫法一直沿用至今。刘禹锡有“淮水东边旧时月，夜深还过女墙来”。在本书收录的《纳兰词》中，有“黄云紫塞三千里，女墙西畔啼乌起”的词句。可见，女墙矗立的地方，也是容易引发感想，成就许多美好事物和遐想之地。

纳兰出身名门贵族，尽管诗词中总流露出悲痛之情，实际上他终生都未经历过什么大风大浪，更没有感受过底层人民之苦，而只为情伤。作为满族人，纳兰迷恋汉族文化，而且与很多汉族的落魄文人相交甚笃，本书收录的词中，也有不少描写朋友之义的感伤离别之作，足见其是情义之人。其父为权倾一时的宰相，他自己也是皇帝身边的一等侍卫，但他却一心只想恬静从容。能文能武，然生性忧郁，他的词婉转低回，惆怅无期，“若问生涯原是梦，除梦里，没人知”。他的词其实是一个上流社会的人对他所生活的那个时代那个环境的一种抒情化个人化的反映和表达。

6月的雨特别多，“湿尽檐花，花底人无语”。院子里，绿叶在夏雨的润泽下更加繁茂，花儿也自然开放。计划着这个假期，精心打造一个墙上挂满绿植、院内点缀淡淡花朵的唯美自然小世界。看花开，听花语，无语胜有声，“恰与个人清晓画眉同”。

数尽厌厌雨

——读《纳兰词》239—277页有感

7月，霁雨霏霏，连日不开，烟雨蒙蒙如江南的四季一般。花草繁茂，绿意随处可见，充足的雨水，适宜的温度。难怪有人说仿佛今年没有了炎热的夏天。

◎ **粗浅品读**

悼亡之情是本部分乃至全书着墨最多、用情最多的词作所流淌的心意，是本部分乃至全书的明显感情线。

1. **《清平乐 · 烟轻雨小》**

烟轻雨小，望里青难了。一缕断虹垂树杪，又是乱山残照。

凭高目断征途，暮云千里平芜。日夜河流东下，锦书应托双鱼。

轻烟细雨如雾蒙蒙，青色连绵一眼望不到边。偶见断虹一缕，垂挂在瘦弱的树梢之上，又见残阳夕照，层峦叠嶂，美景相隔。登高望远，征途尽入眼帘，但见暮云千里，芳草萋萋。东流的河水如光阴不息，你可否托付双鱼捎了锦书来?

这首《清平乐》是纳兰的代表作之一，是他用心血写就的一首离情之作。“烟轻雨小，望里青难了。”像古时的文人墨客要抒发分别或思念之情一样，提笔把场景置放于迷蒙的烟雨中，开篇奠定基调，全词用笔洗练，望里、凭高，断虹、残照，千里、日夜……满目皆情，广阔之极，如同词人这时的心情，迷茫而朦胧，无着如浮萍，飘散在水中在空中。好似“秋水共长天一色”渴盼“落霞与孤鹜齐飞”，然而，看尽天涯路，前方漫漫征途，眼前暮云却留住。在云霞的下面，万里旷野，草木丛生，相思的荒地生满了杂草。词的收尾处妙在告诉人们消解相思的方法：“锦书应托双鱼”。

这首词之所以传世，一个原因还在于对谁表达的不定。后人根据研究觉得当时作者还没有心中思念的女子。到底是给远方的爱妻写的书信，还是给友人写的，还是表达自己的满怀抱负呢？但无论如何，这都是纳兰托给双鱼的一番思念之苦。

朋友之情是本部分着力表现的情感，作者借词作表明自己不是人们眼中的富家子弟和迂腐文人，而是一个不分地位高低、可以为朋友两肋插刀的知己之交。

2.《金缕曲·赠梁汾》

德也狂生耳。偶然间，缁尘京国，乌衣门第。有酒惟浇赵州土，谁会成生此意。不信道、遂成知己。青眼高歌俱未老，向尊前、拭尽英雄泪。君不见，月如水。

共君此夜须沉醉。且由他，蛾眉谣诼，古今同忌。身世悠悠何足问，冷笑置之而已。寻思起、从头翻悔。一日心期千劫在，后身缘、恐结他生里。然诺重，君须记。

上阕：我原本也是个狂妄的小子，在京城混迹于官场，不过是因为出身于高贵门第和命运的偶然安排罢了。我真心仰慕平原君的广结贤士，希望能有赵国平原君那样招贤纳士的人来善待天下贤德才士，可是却没有谁会理解我的这片心意。万万没有想到，今天竟然遇到了您这位知己。今天，趁我们还不算老，擦去感伤的眼泪，纵酒高歌，一起来把精神振作。

下阕：今天我们一定要开怀畅饮，一醉方休……

《金缕曲·赠梁汾》作于康熙十五年（1676），亦是性德的成名之作。梁汾即顾贞观，清朝初年著名诗人，是纳兰的老师也是好友。顾贞观是江苏无锡人，明末东林党人顾宪成四世孙。顾贞观与陈维崧、朱彝尊并称明末清初“词家三绝”，同时又与纳兰性德、曹贞吉共享“京华三绝”之美誉。

这首词是纳兰和顾贞观认识之初的题赠作品，表现了彼此间一见如故的真挚友谊。在清朝，【金缕曲】这个词牌很盛行，纳兰经常使用这词牌表达心志。这首词的含义既是说给顾贞观的也是说给自己的。那时，作者初识郁郁不得志的顾贞观，觉得相见恨晚。据顾贞观说，吴兆骞被诬流放，纳兰看了顾贞观给吴兆骞的两首《金缕曲》，异常感动，决心参与营救吴兆骞的活动，并且给顾贞观写了这首披肝沥胆的诗篇。

顾贞观早年担任秘书省典籍，因为受人轻视排挤，愤而离职。后来经人介绍，当了纳兰性德的家庭教师，两人十分投缘，遂成忘年之交。纳兰性德和顾贞观一样，对现实有着清醒的认识，他们一起承受社会压力。在词中，我们可以看到词人十分重视他们之间的友谊，也能体会到词人对现实生活的不满和激愤。在纳兰24岁的时候，他把自己的词作编选成集，名为《侧帽词》，后来，顾贞观重刊纳兰性德的词作，更名为《饮水词》，可见二人相濡以沫、相互成就、情深义重。

纳兰性德，尽管是富家子，然重义气有抱负，心中多忧愁，平常人是无法理解的，他觉得和别人讲他的忧愁就如同给“三季人”讲冬天的知识差不多，说的人忧伤，听的人烦闷，该词是为顾贞观写的，以抒发自己的忧伤之情和对现实不满的情绪，在纳兰看来，能明白他的人也只有顾贞观了。

本部分借以表达的情感还有作者壮志难酬的报国之情。有作者初识顾贞观的“后身缘恐结他生里”的相见恨晚之情，交往日深的“酒涴青衫卷”，到失去之后的“洒尽无端泪”。抚慰落第的友人姜西溟的“任西风、吹冷长安月”。对其他友人迷离醉影的“拟倩东风浣此情”等无不表达了纳兰珍惜友情，渴望和志同道合者一同为国效力的凌云壮志。

3.《金缕曲·亡妇忌日有感》

此恨何时已？滴空阶、寒更雨歇，葬花天气。三载悠悠魂梦杳，是梦久应醒矣。料也觉、人间无味。不及夜台尘土隔，冷清清、一片埋愁地。钗钿约，竟抛弃。

重泉若有双鱼寄。好知他、年来苦乐，与谁相倚。我自中宵成转侧，忍听湘弦重理。待结个、他生知己。还怕两人俱薄命，再缘悭、剩月零风里。清泪尽，纸灰起。

在纳兰创作的几十首悼亡词中，这一首是他所有悼亡词中最动人的一首。该词作于康熙十九年（1680）的农历五月三十日，时值卢氏去世三周年祭日。自从卢氏去世以后，相思何所依？相思无从寄。纳兰唯有用笔表达自己的心际。“一朝春尽红颜老，花落人亡两不知”，文中的葬花天气指的是三周年忌日，民间表达思念之情的重要时刻，词一开头就化用李之仪的词句，“此水几时休，此恨何时已。只愿君心似我心，定不负相思意”。看起来好像是一个突兀的反问句，却真切地表达出纳兰对卢氏去世的哀痛之情，尽管已过三年，但是纳兰对她的怀念却从来没有停止过。在这个重要的日子里，他的这种积郁已久的心情终于得以抒发，一个“恨”字便奠定了全词的基调。恨之深而爱之切，对于卢氏的去世，纳兰一直不想承认这个现实，所以他一直希望这只是一场梦而已，待梦醒之后，卢氏就会在他的面前出现。然而，哪有一个梦能做三年的呢，幻想终究是幻想，梦来梦去一场空。对于卢氏去世的原因，作者觉得是因为她“料也觉、人间无味”。坟墓尽管凄清寂寥，却能把一切愁苦都埋藏于地下，这句话就给现代人留下了一个疑问：既然如是，死后，她的丈夫会创作这么多的悼亡词，那么，在她生前究竟有什么样的忧愁、苦闷使她感到人间无味呢？“钗钿约，竟抛弃”与开篇之“恨”遥相呼应，“别有幽愁暗恨生”，我们原来有钗钿的约定，现在你却背弃誓言，让我孤独痛苦地生活在世上。

下阕作者诉说的是爱人和自己分别以后的生活，“重泉若有双鱼寄。好知他、年来苦乐，与谁相倚”。阴间假如能通信息，自己就会知道你这些年来的苦乐哀思和谁与共……

据说纳兰在卢氏去世后，悼亡之吟不少，知己之恨尤多。从这首词中我们可以知道，纳兰不仅把卢氏看作是自己的贤内助，而且把她视为知己，所以才喊出“待结个他生知己”的来生心愿。结合开篇的“此恨何时已？”在此，可以看出作者心中的三层怨恨：今世无缘在一起，这是第一层恨。梦想阴间能通音信，但不可能，这是第二层恨。期盼来生能再做夫妻，但又担心，两人命薄依然人鬼殊途，这是第三层恨。整首词让人禁不住黯然落泪。假如人间真能有如此真挚的感情，那么死亡也就让人觉得不再害怕。

……

◎ 淡淡感悟

在对纳兰词逐步深入的品读中，渐渐感悟到作者的词表达的是悼亡之情、思友之情和含蕴其中的家国情怀。本着找寻教学素材和试题情境的教者之心，觉得这些诗词过于婉约、凄美和郁闷，如果作为素材直接进入教学场景和试题背景显得不那么豪放大气，不能直接体现要培育学生某些方面素养的本心。但是，读着读着，被纳兰词的情真意切、唯美意境感染。感叹作者用情至深，化用古诗词的用笔之巧，思绪之浩瀚与缥缈……

2020年的7月注定是不平凡的，延迟的高考、中考接连到来，国家命运连着万千家庭，让这个7月备受关注。个人梦、教育梦、家国梦融合在一起，在这个特别的月份，在这些体现国家选拔人才的一个个考题中，感叹时光飞逝，青春不在。如若，时光倒流，能再回青春的考场，有多少人的人生都可以重来。那些实现的和没有实现的梦想也许会有更加浓重的色彩。然岁月如沙漏，不觉间从手边溜走。做好该做的，此时对时光的珍惜。中考结束，一篇评析试题的5000字文章出炉，为自己来年研究中考命题取向和指导教学奠定基础，赢得主动！

7月，又收到来自中国人民大学出版社的爱心书籍，不胜欢喜，借假期相对有限的暇日，做自己喜欢的事情，耕读传家，读书写文，自在优雅！

“惆怅彩云飞，碧落知何许，不见合欢花，空倚相思树。　总是别时情，那待分明语，判得最长宵，数尽厌厌雨。”无论是坐看彩云流逝，还是独坐听雨，无论是白描，还是化用，是短词还是长曲，无不深情唯美。借这首词的最后一句作为标题，给多雨的7月作一注解。联系当今的物质丰裕的社会现实，感叹一句：此情可待成追忆，人间几人如纳兰！

7月的盛夏、恰逢雨季，你的思绪又会——飘往哪里？

袖口香寒，心比秋莲苦

——读《纳兰词》278—316页有感

暑假似乎没有开始，秋期就翩然而至。8月的最后两天，在《纳兰词》的“微风细雨”里继续感悟古典文化的魅力，让闷热的天气，多了一丝丝凉意。

◎ 粗浅品读

在前边的品悟中知道，《纳兰词》的明显线索是悼亡之吟。随着时间的推移和后续的品读中发现：在本部分词中，作者的寄情之物和表达方式在悄悄地发生变化，前边多写花草、晶帘、大漠、边关、四季、云雨，表达的是悲凄、缠绵、迷茫的愁绪。本部分，不仅如此，还有竹影横窗、画帘嫦娥，东西风、平沙雁，情绪表达由婉转凄迷转而慷慨明朗，情调激昂，仿佛问计于茫茫大地，发出“谁能告诉我，到底是为什么”的呼喊，但是呼天天不应，呼地地不灵，只有寄予希望在心中、在梦中、在词中。

《忆秦娥·龙潭口》：

山重叠，悬崖一线天疑裂。天疑裂。断碑题字，古苔横啮。

风声雷动鸣金铁，阴森潭底蛟龙窟。蛟龙窟。兴亡满眼，旧时明月。

依然是由景入情。上阕描绘了黑龙潭的景色，词人顿生悲戚。下阕由眼前之景生出兴亡之叹。全词格调苍凉沉郁，在纳兰词中别具一格，深致绵缈，感人之至。两边翘立着的悬崖遮挡了整个天空，只留下如同裂开的一条线，在此处运用了夸张的手法，将景物描写推到了极致。“断碑”“古苔”使人们面对此情此景会觉得很悲凄。像金戈铁矛撞击声一样的风声，更令纳兰将这种悲凄推至一个制高点。“风声雷动鸣金铁，阴森潭底蛟龙窟”，纳兰的词中极少有这样的句子，不但令人体会到了龙潭口的险峻，同时也表达了作者心中的苍凉。最后他无奈地发出了感慨：“蛟龙窟，兴亡满眼，旧时明月。”明月仍然是那轮明月，可世上有多少事不断地兴亡交替？此句令人心中顿生“物是人非事事休”“山无陵，江水为竭……乃敢与君绝”的意象与感觉。

《画堂春·一生一代一双人》：

一生一代一双人，争教两处销魂。相思相望不相亲，天为谁春。

浆向蓝桥易乞，药成碧海难奔。若容相访饮牛津，相对忘贫。

这是纳兰词的极品作之一。既然天生是一对，老天为何偏偏让我们无法相守而各自消磨时光和自己的灵魂？既然相思相望而无法相守，这春又是为谁而来呢？蓝桥相遇并不见得多难，可就算有不死灵药，也无法像嫦娥一般飞上月宫和你相聚，假如可以渡过漫漫银河和你相聚，就算是做一对贫贱夫妻我也万分庆幸了。

与纳兰其他的爱情词不同，这首《画堂春》急切地表达着心中的爱意。无法相守的不满之情，引发了纳兰呼天抢地的悲痛质问，也许只有痛入骨髓的失去，才能让一向优雅的他如此悲怆。“相思相望不相亲，天为谁春？”也契合了国人常常在不知怎么办的痛苦难耐中、长叹中祈求上苍眷顾的一声“天啊”。这悲痛的上阕化用了骆宾王《代女道士王灵妃赠道士李荣》的句子：“相怜相念倍相亲，一生一代一双人。”后人并不熟悉骆宾王的这首诗。而化用后的《纳兰词》却广为传诵，可见纳兰的诗词功底深厚，化用巧妙，也许正是因为这句质问，使得整首词情绪激昂，与其他纳兰词的悱恻婉转大为不同、广为传诵。

“药成碧海难奔”出自《淮南子·览冥训》，这里，作者借用李商隐在《嫦娥》诗中写的“嫦娥应悔偷灵药，碧海青天夜夜心”的典故，表明了心中的无可奈何之情，就算有了不死灵药又如何？还是无法像嫦娥那样飞上月宫与你相会，用情再深，也换不回你的一声回应。末尾“若容相访饮牛津，相对忘贫”也是化用典故，意思是给心爱的女子表明心意，尽管无缘相守，可还是盼着某一天可以在天河中相逢。

词中可以读出，这段苦恋未果的感情令纳兰悲痛终生，此时他选择直面这场悲剧，因此直抒胸臆落落大方丝毫没有其他爱情词中小女人似的委屈凄苦，倒有些豪放之感，纵然无法相守，也保留这一线美好的愿望和牵念。

《蝶恋花·辛苦最怜天上月》：

辛苦最怜天上月，一昔如环，昔昔都成玦。若似月轮终皎洁，不辞冰雪为卿热。

无那尘缘容易绝，燕子依然，软踏帘钩说。唱罢秋坟愁未歇，春丛认取双栖蝶。

开篇三句凄绝灵动，说的是心中最怜爱的就是天上的月亮。人间一月，只有一夜像玉环那么饱满，其余就像玉玦那样残缺。“人有悲欢离合，月有阴晴圆缺”，中国的古诗词里经常用月缺月圆来象征人间的悲欢。因此，作者此处表面上说月，实在说人。纳兰曾经在梦中与亡妻相见，分别时妻子曾说：“衔恨愿为天上月，年年犹得向郎圆。”因此这句“若似月轮终皎洁，不辞冰雪为卿热”是纳兰对梦里亡妻的回答。他想象着，那一轮明月好像化作了他无时无刻不惦念着的亡妻。假如梦想能够成真，自己肯定不惧那月的清冷，要为爱妻送去温暖，以弥补心中的愧疚。“唱罢秋坟愁未歇，春丛认取双栖蝶。”我在你的坟前洒泪悲泣，就算唱完挽歌后也无法化解丝毫愁绪，只愿和你的亡魂化作一对蝴蝶，飞舞在春季的花丛里，双宿双飞，永不分开。作者在这首词里，以明月、燕子和蝴蝶这三种常见的意象，酣畅淋漓地抒发了爱妻逝去后难以消散的悲戚愁苦，情真意切，生动感人。“春丛认取双栖蝶”全词以喜语强化悲情，给人以美好的意境，突出了《纳兰词》的特色。

《纳兰词》发自内心、出自肺腑，从不矫揉造作，一片余晖或一阵清风，在他的词里都会被赋予无尽的情感，这都是他寂寥孤苦心境的外在表现，百无聊赖时，只好用感慨家国、思念友人、缅怀亡妻来消磨时光。纳兰有时自比梅花，感叹自己尽管有着冰清玉洁的心，却身处苦寒清冷的境地。生不逢时，无法实现心中的所思所想，就算自小锦衣玉食，过着别人奋斗终生都换不来的富贵生活，可那又能怎样？无非是一具没有灵魂的皮囊而已，“可怜遥夜，冷烟和月，疏影横窗”，在寂寥的夜空下遥望冷月，闻着梅花的含香，深感“自古圣贤皆寂寥”。

读罢这部分佳作，有时想，他的“独自凭阑”，使人伤感的，究竟是指春夜的风寒，还是心中的苦寒，有时可能作者自己也不一定明白，只能“消瘦春风都一例，若个偏寒？”“又到绿杨曾折处”“短长亭外短长堤”“不恨天涯行役苦，只恨西风，吹梦成今古”。是真是幻，悲戚动人，“问世间情是何物，直教生死相许”。纳兰懂得，人世间所有相思都是苦中带甜，尽管绝望，可还是心存一丝希望。

◎ 淡淡感悟

8月，立秋已过，天气褪去了燥热。虽然工作也没有停歇，但终归是暑假，偶有闲暇时光可以自由把握。散漫地阅读书籍，修改自己予以发表的文章，又喜获两篇过审信息，不胜欣喜。耕耘不问收获，自有一路花香。让自己在学科教学教研和试题研究方面又多了一些理论自信和道路自信，遵从导师指导，建设自己的学科阵地。在新的学期，继续努力做更好的自己，坚信只要一颗教育的初心不忘，脚下的土地里，也能收获心中的远方。

阴历七月七日，传统的七夕恰逢在8月。现实与虚拟的世界，都在演绎着美好的情感。相传牛郎织女，被星河相隔不得相见，唯有七夕这天，世间所有的喜鹊纷纷飞来，用翅膀搭一座心桥。思念汇聚成河，有情人终能相逢，“所爱隔山海，山海皆可平”。于是，这个美好的传说被赋予无限的遐想和意义。在现实中成为人们表达心意的佳节和承载希望的载体。眷属们表达的是“在天愿作比翼鸟，在地愿为连理枝”的铮铮誓言。更多的人表达的是“天长地久有时尽，此恨绵绵无绝期”的无奈和无语。“人生不相见，动如参与商”的悲凉和无望，更有“今夕复何夕，共此灯烛光”的一丝丝希望。古往今来，诗词歌赋，李白杜甫，柳永纳兰……都希望越过星海河汉与知己相见。

王国维曾评价纳兰“以自然之眼观物，以自然之舌言情”，这个评价非常中肯，纵观纳兰的诸多诗篇，写情时真挚贴切，写景时生动鲜明，直抒胸臆，情真意切，情景交融，表现出了非常强的艺术创造力。“重到旧时明月路，袖口香寒，心比秋莲苦。休说生生花里住，惜花人去花无主。”一颗心竟然比秋莲还苦，这是《纳兰词》的格调，也是他的心声。心比秋莲苦，只有他才会品尝到这种滋味。花失惜花，人失爱人，“不作怜花句”。“一往情深深几许，深山夕照深秋雨。”从前的一往情深还能有多深，“花落人亡两不知”。随意搜索企图在这部分中找到一句应景之言，然而未能如愿。就用本部分《蝶恋花·萧瑟兰成看老去》中的佳句来做题眼，越过历史的天空来回看300年前词人的情怀。

8月的一天，为邓州市的新入职教师做专业成长讲座，我体验到了新的培训方式和丁教授非凡的创意和组织能力，临时改变的培训形式自由而高阶，内容实用而接地气。这个讲座也给了我再次回忆总结30年的教育教学经历和讲述教育教学故事的机会。特别是那些刚走出大学校门的年轻教师，看起来还像个孩子，让我重新想起入职的青葱岁月和入职第一课的新奇和青涩，内心异常感慨。和他们一起探寻的不是成为优秀的秘密，而是30年一晃而过，就这样用心教书，默默前行的爱心和一个个平常日子的坚守。

上天不会亏待一直努力的人，你有多用心，时光它知道。

回眸转眼消逝的假期。秋风起，云翩然，念飞扬，新的学期，你心中的远方在哪里？

人生若只如初见

——读《纳兰词》317—357页有感

转眼又到月末，停一停匆匆的脚步，在《纳兰词》至真、至情、至美的灵气之作中，找到自己内心的感动和共鸣。弱水三千，只取一瓢。本次主要品读《纳兰词》的极品之作，也是我最喜爱的一首。

◎ 粗浅品读

《木兰花令·拟古决绝词柬友》：

人生若只如初见，何事秋风悲画扇。等闲变却故人心，却道故人心易变。

骊山语罢清宵半，泪雨霖铃终不怨。何如薄幸锦衣郎，比翼连枝当日愿。

开篇“人生若只如初见”，短短一句胜过万千，穿越时空，直抵人心，广为流传。这一句也表达了纳兰的梦想：假如人生总像才相识时那般甜蜜、那般温馨、那般快乐该有多好。但梦想总归是梦想，假如真的可以实现又怎么会“何事秋风悲画扇”呢？扇子是夏天取凉驱蚊用的，到了秋天就被放到一边了。“何事秋风悲画扇”化用汉朝班婕妤被弃的典故，把回忆初见的美好一下子拽回到现实的残酷中来。

“等闲变却故人心，却道故人心易变。”这句的意思是两个人在一起本来就应该相亲相爱，却如今为什么要相离相弃，你现在轻易地变心，反而却说，我的心本来就很容易改变，前句的“故人”指的是负心汉，后句的“故人”，指的是那位无辜的失恋女子，只此两句，就将男女双方的差异展露无遗。这两句是模仿女性的口吻写的，反映了主人公深深的自责与悔恨。联系上下文可知，纳兰想表达的是自己不是一个负心汉，只是当时10多岁的少年还没有主宰自己命运的意志和力量。

“骊山语罢清宵半”，是化用唐玄宗和杨贵妃的故事做典故。“泪雨霖铃终不怨”的“泪雨霖铃”是指安史之乱起，明皇入蜀，于马嵬坡赐死杨玉环，后来唐玄宗北还，在路上，因为想念杨贵妃而写下了一首《雨霖铃》来悼念，“终不怨”则是指唐玄宗迫于三军众怒，无奈将贵妃赐死。杨贵妃临死前说道：“妾诚负国恩，死无恨矣。”此时感到，被后人视作误国者的杨贵妃是有痴心可鉴如明月，以身殉国以抵过的勇气和无悔。

“何如薄幸锦衣郎，比翼连枝当日愿”引用七夕长生殿的典故，谴责薄情郎虽然当日也曾订下海誓山盟，如今却背情弃义！也是对白居易《长恨歌》“在天愿作比翼鸟，在地愿为连理枝”的生动再现。其实像李隆基这样的大皇帝也不过落得个那样的下场，何况别人呢，表达了纳兰自己对现实的无奈之感。

全词以一个女子的口吻，抒写了被丈夫抛弃的幽怨之情，词风哀怨凄婉，缠绵悱恻。“秋风悲画扇”即是悲叹自己遭弃的命运，“骊山”之语暗指原来浓情蜜意的时刻，“泪雨霖铃”写像唐玄宗和杨贵妃那样的亲密爱人也最终肠断马嵬坡，“比翼连枝”写曾经的誓言已成为遥远的过去。而这里的“闺怨”只是一种假托，“闺怨”的背后，似乎更有着深层的痛楚。所以有的人认为此篇别有隐情，词人是用隐喻不是真的字面意思，想说明的是与朋友相处也应该始终如一，生死不渝。

这首《木兰花令》常被人们当作爱情诗来读，有人做过考证，其实这首词是模仿古乐府的决绝词，写给一位朋友的。现在一般认为这个朋友就是指作者的知己，当时另一位诗词大家顾贞观，在前边的阅读中也有几首专门写作者与顾贞观的深厚友谊的，故本人比较赞同这一说法，只是千人读词读的是自己的内心杂陈，大多数人愿意按照自己的意念去理解而已。

“翩翩浊世佳公子”，纳兰是旷世才子，他用情之深似海。从古至今又有几人能像纳兰的词，全是关乎情，爱情、友情、家国情。情字成了他心中永远无法愈合的伤口。但是，在之前阅读的“远山残翠收，莫登楼”“日夜河流东下，锦书应托双鱼”和本部分的阅读中，无论是“相逢不语，一朵芙蓉着秋雨”，还是“行尽关山到白狼，相见惟珍重”“凭寄语，劝加餐，桂花时节约重还”等佳句中，并没有表现出对世间缘分浅薄的太多愤怒和怨恨。有人曾说纳兰，情浓时，所发之意真挚坦诚；情殇时，所止之处清如秋水。这恰好与纳兰“怨而不怒”的词学主张相吻合，词如人生，人生如词。就如现世的智慧之人一样，对于人和事看透了，但依然热爱这个美好的社会。

◎ **淡淡感悟**

元稹笔下的《离思》这样写道：“曾经沧海难为水，除却巫山不是云。取次花丛懒回顾，半缘修道半缘君。”见过辽阔的大海和雄伟的巫山，别处的水和云就难以入眼了。诗人妻子逝去久矣，元稹的心里却住不下第二个人了。除了心爱的妻子，再也没有能令他动情的人了。

沈从文也曾说道：“我行过许多地方的桥，看过许多次数的云，喝过许多种类的酒，却只爱过一个正当最好年龄的人。”从古到今，有情之人皆葆有一颗初见的欢心和不移的初心。

纪伯伦说："我们已经走得太远，以至忘了当初为什么而出发。"纳兰的这篇"初见"词之所以成为他的代表作之一被广为传诵，是因为能抵达人心。"初心易得，始终难守""不忘初心，方得始终"都是在提醒人们，不要迷失最初的目标，坚持不懈，才能有始有终地达到目标。而源于古代的"初心"一词之所以能成为当下流行的热词，不仅直抵每个人的内心也契合和聚合了我们整个中华民族的内心发愿，意义更加广泛。

我们经常用秋高气爽、丹桂飘香、湛蓝高远等美好的词语来描绘这个美好的9月。作为老师，9月更是一个寄予着美好希望和开始的季节。从教的初心、职业的初心、课堂的初心都容易在这个季节被激发和赋予新的意义。

想到前几天观摩的省级优质课评选，各地优秀的选手们，或激情飞扬、或娓娓道来，或立足教材、或精心选材，或一线串珠、或板块分明，各美其美，美美与共。在品尝一道道精神盛宴的同时，我切实感受到年轻的教师们对学科对课程的无限热爱和精彩展现。也曾想，有的课堂，教师是否真在课上，学生是否真的在场，师生是否身在心在思在。驾驭与架空、新媒体与传统媒体、评价与激励，如何做到守正与创新，是该进一步思考的问题。不管40分钟的实体课还是15分钟"无中生有"的微型课，无论是高级别的展示赛台，还是平时每一节的常态课我们都要深度思考的是，在教师、教材、学生、课堂、生活的多维空间里如何守住课堂的育人初心。

就像读书，没有目的也有初心，我读古诗词是想找到其中蕴含的教学或试题素材，想用古诗词的魅力来增加课堂和试卷的厚度和文化味道。然翻遍《纳兰词》，综合多种因素，也只有这句"人生若只如初见，何事秋风悲画扇"能直接入课入题，在之前所写的文章《课堂若只如"告诉"》，标题的灵感也是来源于本词。而其他的篇章最多可以和其他人的名句搭配使用。

时光匆匆划过30年的时空，模糊了记忆中轻歌曼舞的资料试卷，风化了身后曾经走过的艰辛书山，却唯独没有摩擦掉我脸上的一抹微笑，那是我一颗热爱教育的初心绽放。9月中旬，因一个任务要梳理自己30年的从教经历和感悟，30年要用短短的5分钟来概括，总结起来感慨万千，稿成之后，反复推敲句子的抑扬顿挫，浓缩的文字要饱含感情用心说出，几欲落泪，是甘苦自知也是初心永驻，终能微笑面对。

“才听夜雨，便觉秋如许。”一天傍晚，像平常一样走在街边路上。忽见，一个小伙子站在道路中间，举起手机，静静地向西对着，凝神专注。这是干什么的？我忍不住转过身，看了一眼他的手机，屏幕里竟然有一幅美丽的图画。原来在拍摄西边的余晖。顺着他手机对着的方向瞥了一眼，啊，原来这么美的晚霞啊！堆积着，一座黛色山峰突兀，背后层峦叠嶂，周围红云缭绕，分外妖娆，这么美丽的云霞啊！

匆匆的过客中，无声地打量一下这个小伙子，不过20来岁，甚至更小，是学生也许是打工者，能隔绝人世的喧嚣，将自己的所见随时记录，去守护内心的纯真和对生活的热爱。仿佛和纳兰性德一样，对美有一种与生俱来的执念，一草一木，一画一花，一帘一门，山川河流，在他的笔下皆是情和义、心中人。

中轴线的尽头竟然有这么美的风景，身在这个小城30年了，总是来去匆匆，何曾停下脚步，看看身边美丽的风景。在宜人的9月，继续珍惜光阴只问耕耘。相信初心不忘，站立的地方也能通向心中的远方。

“惊节序，叹沉浮，秾华如梦水东流”，时光不留影，太匆匆，世间平常事，一付浅笑中。

向西风、约略数年华

——读《纳兰词》358—397页有感

10月，美丽如诗，日子又悄然流逝。让脚步等一等落下的灵魂，在《纳兰词》的婉约意境里，用文字留存那些美丽又纯净的东西。本次品读358—397页中比较喜欢且能看懂的三首。

◎ 粗浅品读

《鬓云松令·枕函香》：

枕函香，花径漏。依约相逢，絮语黄昏后。时节薄寒人病酒。刬地梨花，彻夜东风瘦。

掩银屏，垂翠袖。何处吹箫，脉脉情微逗。肠断月明红豆蔻。月似当时，人似当时否？

“枕函香，花径漏”用的是艺术化的浪漫之作，极尽夸张地表达自己的月夜怀人之情。在花径泄露春光，枕头都留有余香的美好日子里，与伊人在黄昏时见面，絮语温馨情意绵绵，现如今东风彻夜无息，吹落一地梨花。一夜过后再看满树梨花竟似瘦减不少。明是写花，暗在写人，经历风波后伊人的消瘦飘零。“肠断月明红豆蔻”，如今夜色沉凉，月光照在院中的红豆蔻上，那红豆蔻无忧无虑开得正盛，让人触景伤情。远处箫声微动，触动情肠。

《纳兰词》的风格悲凄，作者善于从景物中找到感情的切入点，然后将自己的思绪寄托其中。这首词的上阕点明了时间，正是春寒料峭时，酒后觉得困乏。“黄昏后”为下阕的“月似当时”留下伏笔。细细品味，不禁让人伤之所伤，哀之所哀。“肠断月明红豆蔻。月似当时，人似当时否？”当空明月依旧是那一轮，但明月下的人儿，却早已杳无踪迹。

《剪湘云·送友》：

险韵慵拈，新声醉倚。尽历遍情场，懊恼曾记。不道当时肠断事，还较而今得意。向西风、约略数年华，旧心情灰矣。

正是冷雨秋槐，鬓丝憔悴，又领略愁中送客滋味。密约重逢知甚日。看取青衫和泪。梦天涯、绕遍尽由人，只樽前迢递。

译文：

慵懒地拣选生僻难押的诗韵，创制新的词牌。历遍了情场，还记得当初那些懊恼，没想到当时伤心断肠的事，也比今天的遭际更好。在秋风里，大略计算着逝去的年华，疏狂不羁的心忽然黯淡下来。

此时冷雨打着秋槐，人已憔悴。而在愁绪中为好友送别更加令人神伤。想要约定重逢的日子，却不知道何时才能如愿，只是不住地流泪。在梦中相约行遍天涯是如此容易，而在这持酒伤怀的别离时刻，我们面对面却已觉异常遥远。

诗言志，词言情。这首词是写和朋友惜别时的难受场面。纳兰将这首词写得有别于其他的送友词，整体的艺术表现力极强，是一朵散发异香的奇葩，有着浓郁的纳兰风。

友人要离他而去，对珍惜朋友的纳兰来说，无疑又是一个打击，所以，他此刻万念俱灰，只得提笔写词，表达内心的寂寥。“向西风、约略数年华，旧心情灰矣。”数数自己走过的年华，真是没有几件值得高兴的事情。

纳兰此刻的心情并不是所有人都可以理解的，他出身富贵，却始终落落寡欢。这一点，很多人都无法看透，只是如果读过纳兰的词，看过纳兰的文，就不难发现，他的心里，始终珍藏着一份真挚的情感，无法释怀。而在这首词中，通过送朋友，他再次将这份情感表现出来。上阕写完愁苦，下阕便提到了送友人离去的心情，正是冷雨清秋时节，自己面容憔悴，只因为内心凄凉。而今看到朋友离开，更是饱受挣扎的痛苦。“正是冷雨秋槐，鬓丝憔悴，又领略愁中送客滋味。”

纳兰将友人离别的情节描写得入木三分，写景之中也写情，“密约重逢知甚日，看取青衫和泪”。唐白居易贬官江州司马时所作《琵琶行》：“座中泣下谁最多，江州司马青衫湿。”后用青衫喻指失意之官吏。纳兰沿用前人典故，写出今日自己的心情，更显得落寞。“梦天涯、绕遍尽由人，只樽前迢递。”这是化用唐韦应物《春宵燕万年吉少府中孚南馆》诗“河汉上纵横，春城夜迢递”的意境，形容时间久长，思绪难忍。

这首词短小精悍，清新生动，节奏感强，把含蓄与明快融为一体，将形式与内容更好地融合在了一起，用典巧妙，朗朗上口，耐人寻味。

《秋水·听雨》：

谁道破愁须仗酒，酒醒后，心翻醉。正香销翠被，隔帘惊听，那又是、点点丝丝和泪。忆剪烛、幽窗小憩，娇梦垂成，频唤觉、一眶秋水。

依旧乱蛩声里，短檠明灭，怎教人睡。想几年踪迹，过头风浪，只消受、一段横波花底。向拥髻、灯前提起。甚日还来，同领略、夜雨空阶滋味。

秋雨声声，情随心动，秋水伊人，思念而生。“抽刀断水水更流，举杯消愁愁更愁。”开篇劈头三句先说借酒浇愁不但解不开愁，反倒愁上添愁了。这里就先为全篇定下了基调。接下三句说正在孤眠难禁的时候，忽听到帘外的雨声，而那点点丝丝的雨不也是离人眼中的泪？又三句则是由听雨而惹来的回忆，忆起了同她在窗前小憩，把她从梦中唤醒时那秋水般的双眼，那情那景仿佛就在面前。

下片说而今情景依旧，可面对着短檠灯，忽明忽暗，怎么也不能入睡。这又使诗人转念想到几年来的宦海浮沉，心情郁悒，而在这令他不快的游宦中，只有她伴他在花下时，那美丽的眼波安慰了他。最后三句再转，又忆起当初灯前相问的情景来，说当日曾一同领略过夜雨空阶滋味，如今雨声依然，可人却不在身边了。词之笔势灵动，忽此忽彼，忽眼前实景，忽忆旧铺叙，写得扑朔凄迷，幽恨深长。

斯人去后，诗人的生命里只剩下“乱蛩声里，短檠明灭”，漫长的秋夜，雨滴敲打着空阶无法入眠。年轻的纳兰不知独自熬过了多少个失眠夜，他也曾想过借酒浇愁，得出的结论却是“谁道破愁须仗酒？”这酒醒后，心反而醉得更深，痛得更多。秋雨绵绵，恨绵绵。

◎ 淡淡感悟

《纳兰词》的这一部分，景还是前边的那些景，人，还是写过的那些人。而表达的情意越来越凄凉难解，只是有些词作不太好理解，也可能是我没有着意去理解的原因吧。似乎如作者难以解开的心境和难以为继的生命。山重水复疑无路，而没有看到柳暗花明又一村的预兆。情深不寿，正如纳兰31岁就早逝的英年，留给后人的是凄美的故事和对自身荣华富贵不齿的扼腕感叹。一生涓滴意念，汇聚成河，流淌在他的人生中。

10月，从仲秋到暮秋，闻桂花飘香，看落叶缤纷，在家与单位间行走，在试卷与教材中游弋，不知不觉，日子又匆匆划过。读书写文，深度学习，走向核心素养。收到一篇稿件过稿的消息，给我鼓励。也收到一篇没有过初审的邮件，促我再深入思考学习。淡然处之，一切皆是学习。

去镇平分享教学和备考经验，主办方中心校领导之前的用心和细心调研使活动有很强的针对性，交友学习。令人深深地感到，无论时空如何变幻，不变的是对学科对课堂的热爱。站立讲台，这么多年备战中考的经历，感到变了的是教材和考题，不变的依然是学科的本质和育人的目的。唯有用心才能找寻到适合自己的教学之道。

国庆假期，《夺冠》电影刷屏。现实和影片都足够震撼，主角和主演都足够努力。我们不是因为看到好的结果才去努力，而是足够努力了，才有资格得到好的结果。夺冠是夺自己的冠，是挑战和超越自己。

收到自己参编的九年级上册教材教学指导用书，油墨香飘散，禁不住仔细翻看。疫情期间，一起研磨的日子历历在目。几易其稿，字斟句酌，守正创新，一个标点也不放过，三个聪明又踏实的省城年轻老师，总是能力排困难，在每一个时间节点按时完成阶段性任务。尤其在最后定稿的日子，常常因一个问题研磨到深夜，只要需要，时刻在场。这一个项目式学习的过程，更是和年轻老师一起与教材进行心灵对话的过程，也是和她们一起成长的过程。

岁月如椽，斑驳了流年，也苍老了容颜；时光无言，温婉在梦的边缘。数数自己走过的年华，回想这些年轻的身影。只能无数次感叹年轻时虚度的时光，“向西风、约略数年华”一句恰似点睛之笔。呼吸着《纳兰词》里烟云飞扬、细语吹香的气息，我笔写我心，那就是一份与世无争的幸福。

萧萧一夕霜风紧

——读《纳兰词》400—440页有感

世间与银白的邂逅，都是从一场雪开始的。雪，顺天而下、轻绵洒脱、风度翩翩。飘落在手心，却又消失不见。看窗外，雪花缓缓落下，听歌一曲，忘记了课程的枯燥和研磨试题的疲惫，绿意装点的办公室里，充满了偶得的惬意。

11月里的一场雪宣告了冬天的到来，让天地间寒意顿生。如果把冬天比作人生的至暗时刻，那么，冬天已经来临，春天还会远吗？只要心有梦想，生活就有了方向。11月又在忙碌中一闪而过，我对《纳兰词》的粗浅品读也到了艰涩难懂即将柳暗花明的时候，这一部分，没有像以前一样时而翻阅。作为一个思政课老师，由于自己文学知识的匮乏，也没有看到耳熟能详的名句，倍感这一部分的生疏和难咽。

◎ 粗浅品读

《风流子・秋郊即事》：

平原草枯矣，重阳后，黄叶树骚骚。记玉勒青丝，落花时节，曾逢拾翠，忽听吹箫。今来是、烧痕残碧尽，霜影乱红凋。秋水映空，寒烟如织，皂雕飞处，天惨云高。

人生须行乐，君知否？容易两鬓萧萧。自与东君作别，刬地无聊。算功名何许？此身博得，短衣射虎，沽酒西郊。便向夕阳影里，倚马挥毫。

重阳节过后，平原上的草都枯萎了，黄叶在疾风中凋落。记得春日骑马来此踏青时，多么意气风发。如今故地重游已是萧瑟肃杀，空旷凋零。秋水映破长空，寒烟弥漫，苍穹飞雕，一片苍茫。人生在世，年华易逝，须及时行乐。春天过后，依旧心绪无聊。想想功名利禄算得了什么，不若借酒射猎，英姿勃发，在夕阳下挥毫泼墨是何等畅快。

这首词属于纳兰性德早期的作品，是纳兰与友人一起出行时，想起自己的际遇因而写下，抒发了他夙怀经邦济世的抱负，但难以实现，因而常自慨叹的心绪。古代社会，富贵子弟大多风流倜傥，多喜爱“玉勒雕鞍游冶处，楼高不见章台路”。然而，纳兰这位富家子明显有所不同，他的确是“玉勒雕鞍”，但未曾在“章台路”流连，他所期盼的是能够纵情驰骋，使心中的男儿抱负成为现实。

作为旗人的后代，清初的八旗子弟还大多保持着擅长骑射、勇猛善战的传统。他的友人韩菼说他“上马驰猎，拓弓作霹雳声，无不中”；徐乾学称赞他“有文武才，每从射猎，鸟兽必命中”，可见他的武功和身手不凡。尤其当他不在皇帝身边的时候，饮酒围猎，更是雄姿英发，气宇轩昂。这首词恰恰说明他的血脉中依然奔涌着武士的豪放和热情，虽然他总是想逃避世俗，在宁静恬淡中寻诗搜梦。

作这首词时，纳兰正是热血沸腾的年龄，而且擅长骑马射箭，心中怀有宏大的壮志。无奈，他是满族的勇士，更是权臣明珠的孩子，康熙的侍卫，现实不能使他按照自己的方式去博取功名。直落个海子式的“面朝大海、春暖花开”，给后人留下无尽的扼腕叹息。

《于中好·谁道阴山行路难》：

谁道阴山行路难。风毛雨血万人欢。松梢露点沾鹰绁，芦叶溪深没马鞍。

依树歇，映林看。黄羊高宴簇金盘。萧萧一夕霜风紧，却拥貂裘怨早寒。

是谁说阴山之路无法行走呢？大规模狩猎时，禽兽毛血纷飞，万人庆祝。松树梢上的露珠沾湿了拴鹰的绳索，芦苇深得都没过了马鞍。靠着树休息，映衬着林子看着。众人围着用黄羊庆祝。霜风吹着，晚上都是寒冷的，拥有用貂的毛皮制作的衣服却怨着冬天来得比较早。

这首词大概作于康熙二十二年（1683），是纳兰游至五台山时所作，“风毛雨血”是他随侍康熙帝狩猎情景的真实写照。“黄羊高宴簇金盘”是用的典故，出于东汉。据《后汉书·阴识传》记载，汉宣帝时的阴识为人至纯至孝，腊月小年在家中煮早饭时，见到灶神的元神现身，急忙施礼下拜，并用家里的一只黄羊祭拜灶神。自祭拜之后，阴识一夜间竟成了当地巨富，从此好运不断，三代繁昌。从此，以黄羊祭灶神的习俗沿袭至今。

淡泊尘世的纳兰从中又想到了什么呢？是无聊还是忧愁？漫漫长夜独自一人，只好坐听风吹落叶，也许只有此时，才能得到难得的一些安宁。“萧萧一夕霜风紧，却拥貂裘怨早寒”可见，锦衣玉食，裘马扬扬和平民百姓一样总有自己的不如意和内心的向往，到最后结局都是一样。可是你为什么知道这个道理而不自治呢？

《梦江南·江南好，真个到梁溪》：

江南好，真个到梁溪。一幅云林高士画。数行泉石故人题。还似梦游非？

清康熙二十三年（1684），农历九月末至十一月末，纳兰性德扈从圣驾第一次巡幸江南，先后到达南京、苏州、无锡、扬州、镇江等地。这组《梦江南》即写于此时。词共十首，皆以“江南好”句发端。这首词是其中的第五首，是赞美风景如画的无锡梁溪的，抒发了作者如梦如幻的心理感受，同时也是对其好友严绳孙善画山水的热情赞赏。

友情和爱情是《纳兰词》令人称道的两个主题，纳兰极为重情重义。这首词是纳兰来到故友顾贞观的故乡无锡时写下的。看到梁溪后，就知道已经到了无锡。四下环顾，发现江南水乡的美景，当真是浓淡动静结合得天衣无缝。行走之间看到了泉石上所题的诗，都是挚友的笔迹，这时的纳兰真是悲喜交加，多年与故友难以重逢，如今却以这样的方式相聚，如同在梦游一般。

前边的品读中多次提到，纳兰与顾贞观两人交情深厚，患难与共。只可惜因为各种原因总是聚少离多，纳兰的心思敏感而细腻，重情重义，所以一直非常渴望能与友人互诉衷肠，聊聊心事，所以，当纳兰好不容易来到了江南，看到友人的家乡就急切地想和朋友相会。却只见到了泉石上的题字，心中顿时觉得以这种方式相见重逢到底会有何种滋味？是遗憾，是欣喜，是失落，是无奈。见字如见人，字在如人在，就算不能执手相互问候，也已经到过你曾经到过的地方，看到了你曾经所写的字词，心中也少些遗憾了。现实就是如此，想见的不一定能见，想说的不一定能说。

看到这首词令人想到“江南好，风景旧曾谙，日出江花红胜火，春来江水绿如蓝，能不忆江南？”江南美景，触景生情，而白居易的词在冬天里读，却能生出暖意和温馨。

◎ 淡淡感悟

我看《纳兰词》，感悟到他的三条主线，明显的主线是爱情线和友情线，还有他心中的国情线，这是贯穿整个纳兰词的暗线，其实也是他心中的一条主线。其实在词中始终难以放下的是他的爱国情和报国志。今天看了这一篇之后，更加感到，纳兰性德并不是一个只会自怜自悯，吟风弄月的文弱书生。而是，在他的现实中，在他的笔下，只有用无关政治的情义之词来抒发自己的一腔抱负。

前几天和一位小姐姐聊到《纳兰词》，我还在感叹，纳兰不应该英年早逝，应该在自己的不错的高位上施展自己，从而为国家献出自己的智慧。要知道他的地板就是许多人的天花板。然而，过于悲凄细腻的情感积郁在心，致使情深不寿。这是不是人常说的，人至贵时，温言软语，词以言志，方能风平浪静。这样，给后人留下无尽遐想的美丽词话丰富了博大精深的传统文化。穿越300年的时空，让源远流长的古典诗词更加璀璨夺目，这正是词人对国家的贡献和对后人的启发。

11月，我遇见一些大学人，为教授们渊博的学识和低调奢华的谈吐惊叹。那些学院派的人无论领导、教师和服务人员，说话都是温文尔雅，声音不大，入脑入心，掷地有声，令人如沐春风。让我想到人们常说的："说话的音量，藏着一个人的灵魂；说话的方式，藏着一个人的修养。"我们经常讲核心素养，一个人的核心素养大概也就是他的品格和能力对人的影响。对学生而言也是如此，轻声细语的力量，比强制发怒的态度要强得多。

11月，工作月，段考、试题和课题。少有闲暇读整本书，新到的杂志也是草草翻过。这本《纳兰词》也已接近尾声，分散粗浅的品读只是作为生活的一个线索和意境而多少有些熏陶。也想起曾经买过又束之高阁的厚本书《陶行知教育文集》，何不在下一年也来个分散的阅读，感受陶行知先生的教育思想，思考当下的学科教学呢？这样，生活中就既有了诗词的雅意，又有了教育教学思考的力量。

这让我想起苏霍姆林斯基《给教师的一百条建议》中的话："这就是读书，每天不间断地读书，跟书籍结下终生的友谊。潺潺小溪，每日不断，注入思想的大河。读书不是为了应付明天的课，而是出自内心的需要和对知识的渴求。如果你想有更多的空闲时间，不至于把备课变成单调乏味的死抠教科书，那你就要读学术著作。是啊！我们应当在自己所教的那门学科里，使学校教科书里包含的那点科学基础知识，只不过是入门的常识，在科学知识的大海里，我们所教给学生的教科书里那点基础知识，应当只是沧海之一粟……"

新来好，唱得虎头词

——读《纳兰词》444—455页有感

时光流逝，指日可待，12个月，厚厚的书本如同日历一页页翻过，转眼间，对《纳兰词》的品读已到了最后的部分。

冬风凛冽，阳光不暖，闲坐窗前，沏一壶热茶，读一阕纳兰词，享受周末好时光，极美的文字，极伤的情怀。2020年，我们的国家经受住了疫情大考，但仍然没有能摘下口罩，平日里零星散见，寒冷的冬日，北方疫情严峻。这样的形势顿时为诗词里的意境增添了极致的凄冷。

◎ 粗浅品读

《忆江南·春去也，人在画楼东》：

春去也，人在画楼东。芳草绿黏天一角，落花红沁水三弓。好景共谁同？

一首小令词牌，短小精美，情感丰沛。“春去也，人在画楼东”，用白描手法勾勒出一幅暮春时节，词人独立画楼凭栏远望的图景。再现了古代文人才子，每到周末，每到春末，满心凄凉的慨叹伤春之作，字里行间包含着留恋、惋惜、伤痛和凄美。“芳草绿黏天一角，落花红沁水三弓。”芳草碧绿连片，天边凋落的红花铺在苍茫的水面上。这么美好的景致，与谁共赏呢？“好景共谁同？”结语的反问点出了全词的主旨，这一句不仅是景语，也是孤寂的心语。点睛之笔使这首五句小令，情思悠悠，蕴藉绵长，直抵人心。

达官贵人，平民百姓，皆有一颗平常心。这位位高权重的王公贵族也有着寻常人的烦恼。

《梦江南·江南好，建业旧长安》：

江南好，建业旧长安。紫盖忽临双鹢渡，翠华争拥六龙看。雄丽却高寒。

读这一首词，不单是词牌，一个“旧”字，自然让人就想到了白居易的“江南好，风景旧曾谙？日出江花红胜火，春来江水绿如蓝，能不忆江南？”白居易的词真是写尽了江南的美，也绘尽了江南的颜色。那年，那月，康熙帝出巡江南，纳兰作为一等侍卫，随驾扈从，第一次来到南京，看到了白居易诗中的江南景象，忍不住提笔抒发了心中感想，这个旧长安古都南京，本来是数个王朝的都城，有着厚重的历史风尘，别有雅韵。皇帝圣驾突然来临，紫盖双阙，帝王车驾，前呼后拥，仪仗隆重，那车队和船队气势壮观，周边的百姓都围观着想一睹龙颜。纳兰此时身处仪仗之中，也是被观望的“幸福者”，可在他的浓墨重彩、铺垫描述之后，竟感觉到个中滋味有些“寒”。这是幸运还是不幸呢？每个人对幸福的理解不同。此时的心境犹如苏东坡的“高处不胜寒，起舞弄清影，何似在人间”，那高处起舞的寒冷，怎么能与人间平凡热闹的生活相比呢？只能“转朱阁，低绮户，照无眠”。这一声“雄丽却高寒”，表达了词人热爱自由，但因皇命难违而生发的凄凉无奈的心境。

《梦江南·新来好，唱得虎头词》：

新来好，唱得虎头词。一片冷香惟有梦，十分清瘦更无诗。标格早梅知。

近来心情很好，闲来吟诵你的诗句。那咏梅的词句冷香、清瘦，不正是你的写照吗？大约这些均已经被那有知有灵的梅花领会了。

纳兰这首词是为了唱和顾贞观的《浣溪沙·梅》而作。顾贞观的原词是“物外幽情世外姿，冻云深护最高枝。小楼风月独醒时。一片冷香惟有梦，十分清瘦更无诗。待他移影说相思”。纳兰读懂了这首词蕴含的深意，所以立刻回复好友告知自己的近况。一句“新来好，唱得虎头词”开门见山地指出，收到故友的诗词就是新来之好，可见纳兰是怀着十分兴奋的心情而落笔的。终年无法相见，知己间诉说衷肠只能靠纸笔传情，又恰逢看到友人那些曾经熟悉的文风辞章，不由得感到亲近。就像以前现代人的书信开篇“见字如面”和互联网时代的“隔屏相见”。妙句“一片冷香惟有梦，十分清瘦更无诗”，既是顾贞观的词也是纳兰词中的精华，更是二人心意相通的挚友见证。而“标格早梅知”则是纳兰唱和词之中的点睛之笔，梅花高雅洁白的姿态，犹如他们之间的友谊。所谓知己，最令人感动的就是默契，就是知其所思，晓其所虑，懂得他说出的话，更懂得他没有说出的意。

尘世俗缘，来去匆匆，就像鲁迅先生赠予瞿秋白的对联中所说的“人生得一知己足矣，斯世当以同怀视之”。虽然纳兰的生命寂寥孤苦，但能遇到顾贞观这样的挚友，也算是人生一大幸事。纳兰想把自己的欢乐寄予友人，要把梅花那高雅清白的姿态和友人共勉，所以词中写道“标格早梅知”。知己顾贞观的秉性超脱绝尘，如此高风亮节就像那梅花散发的缕缕暗香，凌寒独自开放，写得情真意切，点睛之笔加深了自己的“知己之恨”。

◎ **淡淡感悟**

《纳兰词》风格清丽婉约，品位独特，直指人心。纳兰被誉为清朝第一词人和第一学人，得到了清代词话家与学者们极高的评价。本部分的词是纳兰12首“江南组诗”的一部分。至此，全部的《纳兰词》已粗浅地品读完毕。好在编者，也是在最后的一首中选择了歌颂友谊的美好而结束，从而给读者的心灵涂上了一抹微微的亮色。

作者看惯了京城的风景，来到江南，水乡之地，风景优美，使纳兰喜爱不已，虽然词里行间免不了有哀伤凄怨之情，但总是抑制不住内心的欢喜。也借江南之美景表达了自己的美好友谊，更何况他的挚友顾贞观和所爱的女子沈宛都在江南，他的命运与江南烟雨便不可分割。而这样美好的小桥流水人家、油纸伞下的清丽女子、自由自在地行走，可能就是作者心中的向往，因而挥笔写下这传世之作“江南组诗”。

纵观整本《纳兰词》，我在粗浅的读悟中，感到《纳兰词》的三条线索：爱情线，友情线和爱国线。然而，感人心者莫先乎情，一个作者最感人的作品一定来自他最直接的情感和最深刻的人生境遇。对于纳兰，最深刻的就是对自己身世的无奈和对爱妻早逝的思念。所以他的词作最触动人心的就是“悼亡之吟”，他大部分的词作也就是如此情深和花费笔墨。其次是对挚友的思念，因而他的词，爱情线更为明显，友情线其次。而我下功夫搜索的怀古爱国词在他的作品中只是时隐时现，因为这不是他最深刻的感受。所以，怀古的爱国词也就不似他的悼亡词那样直抵人心。如是，他的词作很少能进入我们的思政课堂作为课程资源和考试题的背景材料，也就可以理解了。

无论怎样，纳兰词的古典美，是对优秀古典文化美的继承。300年来，尤其是在今天《纳兰词》仍然可以古典之心抚慰万千读者的心灵。现代人可能想象不出一个名满京国的贵公子是怎样在浮华中守望着一种纯净美好的人生。

走进《纳兰词》，能面对人类柔弱的心灵，感受一次次古典美的精神洗礼。

回望历史，客观地说，纳兰容若和顾贞观、朱彝尊、严绳孙、姜宸英、陈维崧等汉族名士相交甚好，在一定程度上也为朝廷笼络了一批汉族知识分子。这也在一定程度上实现了他的报国志。

如本书的编者在序言中所说：纳兰容若的词作哀伤悲艳，颇近南唐后主的遗风；悼亡词写得真挚，痛至肺腑，让人悲伤不已。然而，在物欲横流，人心浮华的现实，让人感到《纳兰词》更是一面适合许多人的镜子，我们总是能在他的词中发现现代人最匮乏的感情色调。

有些美好的事情，转瞬即逝；有些美好的人儿，一别就是一生。但这些美好也终会成为彼此的成长和滋养。纳兰的词好比是人类最美好的情感光谱，“如是八百年来，第一首情诗只由他完成”。有体现蓝色忧郁的“不是人间富贵花”，有体现粉色浪漫的“醒也无聊，醉也无聊”，有绿意浓浓的“山一程，水一程”，有素洁淡雅的“白衣飘飘，一尘不染，我是人间惆怅客”，有海誓山盟的“一生一代一双人”，有弱水三千只取一瓢的“人生若只如初见”……

1月《不是人间富贵花》，疫情突袭，在词的意境中备课；2月《楚天一带惊烽火》，期待早日城开，继续备课，完成一个重要工作；3月《淡月淡云窗外雨，一声声》，疫情加剧，工作继续，上网课出考题，好似抗疫第二战场；4月《寂寥行殿锁，梵呗琉璃火》感恩我们的国家，感恩我们的制度，网上期中考试，工作不停息；5月《人说病宜随月减，恹恹却与春同》，疫情减退，正式上班，复习备考，线上线下，身体隐隐作痛，坚持每一天；6月《湿尽檐花，花底人无语》，中考前的复习备考，体会课堂的美好；7月《数尽厌厌雨》，延迟的高考、中考，举国同心；8月《袖口香寒，心比秋莲苦》，假期读书写文，转瞬即逝；9月《人生若只如初见》，平常工作和观摩省级优质课评选；10月《向西风、约略数年华》深度学习，走向核心素养；11月《萧萧一夕霜风紧》，冷风起，诗词艰涩，工作忙，向课堂更深处漫溯；12月《新来好，唱得虎头词》，思考课堂，日子如常。疫情再紧，期盼瘟神早日消散尽，国泰民富，人人安好。

董卿说过，“我始终相信我读过的所有书都不会白读，它总会在未来日子的某一个场合帮助我表现得更出色，读书是可以给人力量的，它更能给人快乐”。感谢《纳兰词》沉静的意境，唯美了我的2020，让我在站立的低矮处，目光穿越300年的时空，邂逅书里的古典和深情。读罢《纳兰词》，再回到世俗，更多的是在于看见课堂深处的风景，在于看见友谊的美丽，看见自己心灵深处的诗和远方！

不平凡的2020，被时光的大手推搡着向前，已渐行渐远。2021已来到面前，和至情至美的《纳兰词》说一声再见，未来的某一天，再次拿起翻看，还会寻一份明媚，与岁月里浅淡安然……

诗歌里的和风

“风者，天地之气，溥畅而至，不择贵贱高下而加焉。”风是温的，抚摸它所见之人；风是灵性的，无影而实存，赋予领悟它的人无穷的思想。2021年的12个月，光阴如梭，依风而行……

让日子平静而有意义

岁月总是悄无声息地缓缓流逝，不留点滴痕迹。还没有放假，已到了2021年1月31日。这几天天气格外温暖，厚厚的冬衣已在减去，春天将要迤逦而来。

1月，越过蓝天白云，曾站在广州塔上，遥望远山的青黛，俯瞰繁华的城郭楼影，穿梭于熙攘的商超人群，看匆忙打拼的都市丽人……我对儿子说，花花世界，高楼大厦，都是一砖一瓦垒起来的；行色匆匆，车水马龙，都是芸芸众生；高官厚禄，黎民百姓，岗位不同，分解开来，其实都是在做着一个个具体的工作。所以，做好自己的本职工作才是最重要的，闲暇时间读书学习，及时充电，才能站得高看得远。近日，给两位年轻的女老师交流，听她们诉说自己为课堂为工作忙碌和付出。总是不忘嘱咐她们，干好自己的工作，快乐教书，做一个幸福的政治老师。相信她们会做得很好，因为有学科的知识在滋养着她们，丰富着她们的生活。也和几个别的学科改教政治的老师交谈，她们总是说，以前不了解政治学科，对政治学科和政治老师有误解，认为读读背背就行。现在亲身体会到学科教材的丰富内涵和背后承载的育人价值。此时我总是说，是呀，课程里蕴藏的心理、道德、法律和国情知识，如果能内化于心，外显于行，我们的生活就会有更深层的意义，你就会体会到“学科让我们的生活更美好”这一理念的价值所在。

1月，日子依旧在干好本职和做好网络引领的工作中穿梭。有惊喜也有些小沮丧。收到一篇稿件即将见刊的目录，几个月前的思考写文经过几审得到了专家的认可，也坚定了自己向课堂更深处漫溯的信心。认真完成的另一个任务得到领导的认可和称赞，感到欣慰，在付出时间的同时，也学习了新的知识和技能。本月，为完成一个个任务，仍有熬夜的坏习惯，而且每到关键处总是深深熬夜，而后就会有隐隐的头疼之感。总是说改掉，总是又不能。提高白天的做事效率，摒弃熬夜仍然是必须养成的好习惯。下乡助考，黑暗黎明跌倒楼梯，所幸并无大碍。如果发现黑暗，及时打开自己的手机手电筒便不会发生。提醒自己岁月不待人，走路要小心，不能存侥幸，遇事一定要事先考虑周全。

某天，和好友一起，感叹人生匆匆，面对快速消失的岁月，未知的东西实在太多，该学的东西实在太多，好在，没让自己的一颗师心，在光阴中变懒，仍能在瞩目远眺中，仰望岁月的繁华，设想在职业生涯的末端，如何守住一颗初心，做最好的自己。2021年，我打算和好友一起，阅读与思政课程和教学有关的书籍，两年内100本书。看看自己到底能不能坚持，坚持之后思想会发生什么变化。

有人说，人的认知有五种境界，第一是不知道自己不知道；第二是知道自己不知道；第三是不知道自己知道；第四是知道自己知道；第五是知道自己一无所知。对于课程，对于课堂，越是学习越知道自己的无知，我现在才处于第二个境界，知道自己不知道。前不久，请一个大学教授给我推荐关于思政课教学的书籍，在推荐的11本书中，只看过三本，知道另外两本的作者，其他连名字也没听说过。大学教授的视野开阔，理论水平需要仰望。在可能的情况下以后多请大学教授推荐书籍，静心阅读补补自己的理论短板。静静地干好本职，静静地读书，静静地做自己，让每一个平凡的日子快乐而有意义。

过去的一年，我用至情至美的《纳兰词》为线索，在每个月的最后几天总是打开一个时间的缝隙，享受独自好时光，反复品读，联系工作和生活，浅浅地梳理，让岁月留下美好的印记。虽然有时慵懒和拖延，但因为有了期待，终于坚持了下来，日子也因此变得更快，也让厚厚难懂的古诗词渐渐入心，丰厚了自己的文化底蕴。

2021年更要珍惜时间，少刷手机多读书，每月的梳理小文一定在当月完成。今晚，该如何用诗意曼妙这转瞬即逝的日子，翻到自己书架上的《唐诗三百首》、冰心的现代诗作《繁星·春水》、泰戈尔的《飞鸟集》等书籍，有了新的发现和设想——

坐久了，

推窗看海吧！

将无边感慨，都付与天际微波。

推开朝向新学期的窗

海涅说：冬天从你这里夺去的，新春会交还给你。

2020年冬天的雪和冷，2021年的新春给我们交来。

冬去春来，却寒意料峭。2月最后几天的冷雨寒气，隔绝了春的气息。站在雨里，看新芽吐芳，蹲下身来，用手拔去已干枯的旧叶，除了感叹还有赞叹。

看这些兰花儿，虽然没有被我温柔以待，想起来了就浇一下水，让它们喝个饱，想不起来了就让它们渴着，任凭雨水自然浇灌。然而，日复一日，年复一年，就这样自在静静地生长。其中有一个品种还是20多年前搬家时挪移过来的，记得那时，一些不用的物品送给一个收废品的老人。那老人很是感激，就说："我帮你搬花吧。"就把我的花用手推车送了过来，还帮我数了数有10盆花。其他的花，都在岁月的风吹雨打中或不复存在，或枯萎了又买来栽上。唯有这一个品种，无论冬夏，屋里屋外，管与不管，总是强劲生长。绿色玖兰，陪伴久久。

人有时候还不如这花草坚强，会流泪，会脆弱，会疲惫，会躲不开纷纷扰扰和尘世喧嚣，有疫情的春节，和平常的春节不同。过年，有时候也并不是轻松的事，老年人有的是经验和智慧。有的人为了自己过得轻松，总是自私和偏见。为了和气，另外的人则需要有着更多的负重。所谓的修养，都是有一颗包容的心和舍得的心。冰心有语"经验的花儿，结了智慧的果。智慧的果，却包着烦恼的核”。

为了完成一个家庭的小项目，南去北回，地域和语言障碍，交流不畅，本来在家里很容易的事情需要克服困难才能完成。和分别近30年的好友相聚，回忆学生时代，不敢看现在的我们，白发和斑点早已悄然出现，儿女都已长大成人。在电话里和友们交流，依然聊到了退休的事宜，也仿佛看到了未来的自己，人生的后半场啊该怎样度过？漓江边，岩石上，看缓缓的水流，繁茂的枝叶，冷水中畅游的老人，想道，青春不仅仅是年龄，更是心境。

水面荡漾，凭栏远眺，山中的我，任由无限地遐想了。原来，人生的某些愿望只能付诸这流水了。

读外国人的理论书籍感到有些艰涩难懂，需要静心专注才行。然而，这一个月，总是难以静下心来专注读书。向往的生活总是与现实不一。生活中最重要和最想做的事情总是看着容易又很难实现的。比如读书，还有健康。书到用时方恨少，身体平时不在意，只有到了疾病来临的时候方能体会健康的珍贵。得知一个好友生病的消息，很是担心，尽量多陪伴友一起游玩，希望在比平时更多的陪伴和交流中，能为友带来些许的安慰和开心，除此，能做的还有什么呢？寒冷总会过去，一切总会过去，一起努力，相信坚持就一定会好起来的。

2月初，还经历了一场特殊的考试，我的考场作文题目是《初心隽永　育人有恒》。初心是什么？初心是《华严经》中“不忘初心，方得始终”的修道；是《爱莲说》里“出淤泥而不染”的高贵；是《诗经》中“死生契阔，与子成说”的坚贞；是《竹石》中“咬定青山不放松”的恪守；是青春笔记上写下的厚重理想；是垂垂老时少些虚度的抱憾……教育的初心是立德树人，是培养全面发展的人。教师的初心是用自己的教育情怀和实践回答“培养什么样的人，怎样培养人，为谁培养人”的时代命题。教研员的初心是立足学科教育教学研究、培养引领教师的育人恒心……

这些心灵的自我叩问和思索，指引着我。有了不变的初心，就有了前行的方向和内心的亮光！新的学期，我打算用自己的方式思考课堂，解读教材，希望一步步变为文字，留下一个个教育初心的印记。

听雨滴的声音，观叶绽的曼妙，读诗的唯美……

就这样推开朝向新学期的窗，朝向新的书页，新的课堂……

走向碧绿草原

理想在天空，人在地面上，思想被禁锢，便成了焦虑的根源。这一个月很忙碌，这一个月也很焦虑。网络引领的批改作业和网络直播，学员作业的不如意和不规范，大家都很忙碌，我非常理解。网络技术有时也很麻烦，网络的虚拟和时空的相隔，带来便利的同时，也让监管难以实现，学习效率大打折扣。短时间内两册教学设计的编写，心有余而力不足的形式修改，还有听评课后想写课堂的初衷没有兑现的无奈及自己身体的不适造成的焦虑感倍增，还有一些来自内在的情绪干扰，都让我的身心陡增烦恼。

如何在焦虑的时候舒缓，调整自己、静心修道是依然的必修课。那就回忆美好吧！

春天的早晨，融洽的风，飞驰的电车，飘扬的衣袖……

3月明媚的日子也是有的。一天早上，快要到上班的时候了，接到一个送花的电话，说是把花儿放单位在大门口。猛然想到是3月8日，是哪个美丽的小仙女送来的？飞快骑车到单位。卡片上写有“女神妈妈节日快乐”。快乐的心情洋溢在心，拍个照留下美好的回忆。幽艳的大把玫瑰，绿叶相间，丝带缠绕，放在办公室里顿时生辉。

想到30年前，教书的第一年元旦，收到几位女学生给我买的一盆兰花，那几株淡淡的蓝色的花、绿叶绿干，像真的一样，扎根在黑瓷的花盆里，伴随我十多年的时光，后来不慎打碎了花盆，再后来花儿也不复存在。但是在心里保留着那个美好的意念，那是师生之间美好的情感。

人生还是需要仪式感，感谢学生女儿特别的礼物。一束花儿不仅明媚了整个春天，也让美好的情谊永驻心田。

周围是碧绿的大草原，却在枯索的原地转圈。——《浮士德》

今天接到一位校长的电话，谈到如何提升学生的学科成绩？我为这位校长的教育情怀所感动，简而言之地表达了我的见解和忧虑。放下电话，我在思考，提升成绩这是一个古老常新的话题。这个问题一直是我们追求的显性目标，也是每个学科教师和教育管理者赖以生存和发展的主要指标。鉴于大气候和小气候的种种，成绩的提升对于道德与法治学科更是一个多方并举的长期的过程，这是由学科特点和各方实际决定的。其实，就道德与法治学科来说，提升成绩不仅仅是提升成绩这么简单，先要把课上得入脑入心，成绩提升就会水到渠成。新授课复习课都是如此。

然而，联想平时的听评课，如何上好新课，如何上好复习课？其实每个教师都知道不少理论和做法。有的老师具有较高的教学能力和过硬的基本功，对教材驾轻就熟，纵横联系，但是，一节课下来，感到收效甚微，学生被动回答，重复已会的问题，对一些真正需要深度挖掘的问题蜻蜓点水，简化处理。还有一些老师，忽视教材的重要性，盲目依赖资料，让学生的学习成了无源之水，难怪遇到新的问题不知从何处思考，更有甚者上新课时也以资料为主。

从教师的角度来看，改变自己的教学理念和教学方式，无论是新课还是复习课，都要入脑入心，让学习在学生的身上真正发生，方能上出有意义的课。有意义的课才是有效率的课。学生只有认识到学习的意义，才会在他心中主动去学习。绝不仅仅是教会他记几个关键词和核心句子那么简单，也绝不是老师驾轻就熟学生就能考高分的。老师要把自己教的能力转变为如何让学生会学并学会的能力。

如果单就提升成绩而言，研读中考真题是很有必要的。每年试题中的变化、答题方法、核心考点、常考考点，教学导向等都可以在对试题的研究中见诸端倪。近年来，道德与法治学科的中考试题内涵已在逐步发生变化，生活场景、知识覆盖、回扣教材、思辨体验等都在把学生引向素养的发展从而实现立德树人关键学科的功能。我们在复习的时候一定要依据课程标准、紧扣教材，合理规划复习时间及轮次，在有限的一节课里，用核心知识、核心方法培育学生的核心素养。基础知识基本观点查漏补缺，用好教材相应的栏目，发挥教材栏目的育人功能，让学生体验感悟明理、学会分析判断解决问题，最终走向生活实际，所谓立德树人，启智铸魂，需要在每一节课中逐步落实，复习课也不例外，我的观点复习课要育分，但首先也要育人。

鉴于此，教师要提升自己的教学境界，从传授知识走向培养能力、从知识课堂走向素养课堂。引领学生从课本知识走向生活。复习课也要有趣味、有意义、有效率。

一个教师如果只看见知识点，他的教学势必停留在“知识课堂”层面，只有自觉接受核心素养的召唤，努力超越知识点，把握学科本质，才能把课堂教学提升到素养境界。

教学境界不断提升的过程也是思政课教师的成长过程。如果老师有了对自己学科价值的认同和热爱，也就会在教学中提升自己的教学境界。有了较高的教学境界也就会努力避免在单一知识教学的“枯索原地转圈”，就会自觉走向核心素养培育的“碧绿大草原”。让我们和新教材、新中考一起成长，走向生活的碧绿草原！

飞往属于自己的山

天空不留下翅膀的痕迹，而我已飞过。——泰戈尔

4月6日要去北师大学习了，要和那个充满正能量的温暖的中原名师大家庭成员相聚了，不胜欢喜。夜里收拾好行李，定个早上5点起来的闹铃。手机显示距离闹铃响起只有三个半小时了。早上5点半，网约车的司机准时打来电话，匆匆吃了饭，拉起行李就出发了。车子飞快地行驶出县城。坐在车上，没有倦意。

看着车窗外，原野、树木、村庄，飞快地倒向后边，在晨雾的缭绕下显得朦胧美妙。东方，一轮红日冉冉升起，俨然一幅巨大美丽的晨景图在眼前铺开。心想，多么美好的景色呀，我有多久没有看到这美丽的景色了，我有多久没有起这么早了，我有多久总是在夜里，孤灯下，独自完成一个个研修的任务、白天干不了的工作、出不完的考试题，看两眼书。我总是说自己不要熬夜了，可是，又总是改不了这样的陋习。车子向前飞驰，心想要留下一张美丽图景启迪自己。就举起手机对着车窗外拍一张。此时红色的太阳已变成了黄色，有光芒射出的晕圈，太阳的四周已亮起来了。此时的景色与那会儿看到的已经不一样了。

美好的景色，飞驰的时间，总是转瞬即逝，然在时光的雕刻下，每一幅都各自有各自的特色，就像我们中原名师大家庭的成员们一样，各美其美，美美与共……

这次的行程，我和同一个县城的张彦老师一起，更能相互交流沿途的胜景。张彦老师是新一届的中原名师培育对象。

不知不觉，自2015年7月参加中原名师培育工程第一次集中研修，至今已将近六年，前几年，每年两次去浙江参加集中培训。有时一个人的旅程，一个人的孤勇。有时和同伴李道玲老师一起，和我们大家庭的成员们一起，用脚步丈量研修旅程，用心智丰盈教育生命，跋山涉水，依然保持一颗教育的初心不改。漫漫长途一起走过，共同见证“路虽远，行则将至，事虽难，做则可成”的人生佳话。

我的同学们说，中原名师是熬夜熬出来的。我也说过，中原名师是在炼丹炉里炼出来的。一路走来，一次次地打开视窗，一次次地实践思考，一次次地蜕变成长。真正进行了人生和学科的思考，不断地追问和明白，自己是谁，从哪里来，到哪里去；明白自己的学科是什么，为什么是这样，要到哪里去；使自己的研究方向渐渐明晰，视野逐步广阔，对教育的某些现象有了自己客观的视角，对于学科和课堂，能够持续地保持热情，这应该就是学习的意义。

在飞驰的高速列车上，去时，我阅读了一本杂志上的两篇文章。尤其是北师大李晓东教授的文章《后疫情时代普通高中思想政治课如何实现深度学习》，对后疫情时代和深度学习及在学科内的实现路径有了初步的了解，对于文章中严谨的逻辑、精到的阐述和独特鲜明的观点读之再读，圈点批注，感悟着如何把这些理论用到工作中，用到课堂中。折回来辗转到安阳学习的途中，列车上还完成了应该完成的当即需要校对试卷的任务，不耽误单位的整体工作。研修与工作，读书与学习，这些立体的时间安排，也只有在加入这个工程之后才会有的思路。珍惜时间，努力学习和工作。这些想法也是学习带给我的改变。虽然和那些优秀的同学们相比，我还有很大的差距，但是，有时候我也会感慨这几年来克服重重困难坚持下来的自己。

而今，和新一届的中原名师培育对象一起，再出发，心里有了自己的方向。根据自己所处的方位和自己的特长，做自己想做的，能做的，又能做得好的，尽己所能做明师，做良师，而不是名师。

4月，除了两个培训学习提升自己的理论素养和命题素养之外，让我感到欣慰的还有一个杂志社的约稿，应选题要求自己几经修改交稿之后没再修改，编辑老师说已经过审，过一段会给我寄来杂志样刊。这加强了我研究学科教学和读书写文的信心。另有一篇文章刊出。4月，省教育厅再一次给我们赋予了培育省级名师的任务，我只有不断地学习才能给这些本来就优秀的来自省城和地市的老师们以唤醒和启发，才能和这些优秀的弟子们一起寻美览胜，携手行进在思政课教育教学的路上！

继续买书，学习充电。这个月的最后一天，一口气买了四本书，让5月的闲暇不虚度。记得哪一位大家说过，一个真正的人应当在灵魂深处有一份精神宝藏，这就是他通宵达旦地读过一二百本书。为了给自己的灵魂充电，继续我那时常被打断的读书计划。

在北师大进行中原名师培育对象高端研修的开幕式上，河南省教育厅毛杰副厅长的讲话深深引发我们共鸣和思考——

教育意味着获得不同的视角，理解不同的人、经历和历史。接受教育，但不要让你的教育僵化成傲慢。教育应该是思想的拓展，同理心的深化，视野的开阔。教育不应该使你的偏见变得更顽固。如果人们受过教育，他们应该变得不那么确定，而不是更确定。他们应该多听，少说，对差异满怀激情，热爱那些不同于他们的想法，这才是教育带给我们的新世界。

这是毛厅长在讲话中引用的一句话。是她读《你当像鸟飞往你的山》之后，用这句话启发我们去思考教育带给我们的新视界。

越过了星辰大海，走向更宽广的教育新视界，我必须不断地努力，才能飞向属于自己的那座山！

花与书里，寻一份静气

这一个月很少浇花，也无心和无力浇花，办公室门口的，家里的。然而，它们依旧在同伴们的照料下，自在地生长，花儿自然开放。偶有叶的枯黄在里面夹杂，仍可见绿叶新发，繁茂浓郁。5月是花繁叶茂，生命拔节生长的季节。

收到刊发约稿的《思政课教师在党史教育中的使命担当》一文的两本样刊，小小的喜悦。还有之前批阅的6篇研究生毕业论文，在批阅时查阅资料，在查阅资料中增进见识。是批阅，也是学习。

5月又是一个伤春的月份，不仅在于时间的飞速流逝，更是身心的一次涤荡。原打算在月中就写写我的花草和书籍，可是，总是有理由拖延，一转眼就到了5月最后的一晚。翻看去年和前年5月的小文，在此期间总是心有戚戚，身体不适。是不是从那一年的开始，心灵就有了暗语，春季积聚的情绪和冬季未走的凉意，在将热的天气到来之时，冷暖相击，突起云雨。抑或是这个季节变换的月份总给人以善意的提醒，天地人气，皆有灵犀。

5月的假期，我想给自己以激励，正想着利用假期干完自己要干的活，读读自己想读的书，如果按计划完成，就在最后的一晌犒劳自己，歇息、美食和美衣。可是，总是计划没有变化快，打算总是很难在预定的时间内实现。也正是这一个不期而遇的小变化，给予了自己安静和休息的丰富时间。这安静，也许是岁月留给自己的最美的留白，然而，这样的留白也是充满了惊悚和不定的因素。当这个因素突然到来，作为人，就会体验到一种突如其来的无力感。人的生命是脆弱的，别无选择，只有接受。同时，也很庆幸，塞翁失马焉知非福？

这安静也是一种修行，是一种归宿；静下心，就能聆听到大自然的真实声音，那是最美的声音，听一声鸟鸣，看一场花开，那是自然界生命存在的意义：它带给人的思索和静谧。

人，只有在安静的时候，才能抵达灵魂的最深处看到自己的内在和不足。闭上眼，就能看到另一个世界，那是自己内心真实的世界：我是谁？我从哪来？要到哪去？

一天下班顺便去菜鸟驿站取快递，是前两天买的三本书。店里的小老板说："又买书了，买这么多书。"言外之意，买那么多书干吗？我笑了笑说："是老师，老师不看书会行？"

是啊，这一段买了不少书。4月30日收到买的四本书《你当像鸟飞往你的山》《不能承受的生命之轻》《悲伤与理智》《主体参与型教学探索》这些大学教授的推荐，都是富有哲理的书，基本看完。5月又买了三本，其中两本是关于深度教学的。深度教学，国内和国外的专家都是如何解读和实施的？关于深度教学的理论与实践，是当下流行的教育话题，比较一下中外教育界对于同一概念的不同理解与实施的差异。这个5月是安静看书充电的日子。

丧丧的5月，大部分的时间平躺着度过，也是安静看书的5月，反思内省、看见内在自己的5月。作为老师，干好工作需要看书，作为人，生活中也是需要书籍的。脚步到不了的地方在书里可以达到，读着读着就遇见了美好；力量达不到的地方，读着读着也许就增添了力量。

在书里，有自己喜欢的事，想见的人，想说的话。外出时，已经养成了包里装着一本书，无论读与不读，是个神物，装着心里踏实，需要的时候就可以拿出来为己所用，更可以打发无聊的时间。此时此刻想起了顾城的诗《书籍》：

轻轻地洗去它的油污，
小心地擦去它的灰尘，
使它放出新生的光焰，
在思想的深处珍存……

金属的撞击，
车轮的辐音，
在生活的交响乐里，
还有思想无声的轰鸣。

紧紧鞋带，
拉平衣服的皱纹，
迎着破晓第一道晨曦，
打开思想的大门。

这里有安静的篇章；
这里有美好的春景；
这里有暗淡的插图；
这里有时代的光明。

有深奥的话；
有冰冷的词；
有滚烫的字；
有闪亮光的诗……

描出了高贵的微笑；
录下了阴险的低语。
一本普通的书籍，
向你诉说着人生的秘密。

伐倒高大的榕树，
采集光润的美玉。
去建筑精神的世界，
去动摇丑恶的地狱。

向着光明走去，
擦洗着自己的灵魂。
用决心和毅力，
抛去身后的暗影。

我们的生命，
发着它的光，发着它的热，
我们的社会，
向着太阳航进，
未来和希望——
是我们航行的磁针。

美丽的小事

人人都知道读书好，但是读书的时间哪里找？这大概是不少人的困惑吧。

我也曾经这样困惑过，想读书，没有大把的时间。甚至，早些年，忙完工作忙家务，等到有时间了一拿起书来就瞌睡，除非是一些硬性的任务驱动，否则，总是有一些理由把买来的书束之高阁。其实这不过是自己给自己找的借口而已。这些年，越是忙碌，越是觉得看书的时间得想办法挤出来。其实那些所谓的高人都是挤时间做自己想做的事的。

几年前的一天，晚上不想做饭，与我家某人一起在河边的一个有名气的烩面馆吃饭。去的时间早，顾客却很多，等了好一会儿，还没有做好。我说："看一会书再说，等得有点焦急。"于是，就从包里拿出那几天看的一本书，专心地看起来。过了一会儿，某人说："别看了，装起来，人家都在看你哪。"我说有啥好看的，时间浪费了有点可惜，接着看起来，过了一会儿，自己也感到有点不好意思，不合时宜，就装了起来，闲聊。然，好多时间就这样白白溜走了。

后来的一天，在去浙江学习的旅途中，我和李道玲老师一起，中途转车，在杭州站遇到了娟娟，只见娟娟在专心地看着一本书。见面问好之后，娟娟又低头看她的书了。我们同时就少了闲聊的无关话语，各自地看起书来。在熙熙攘攘的车站，反正也没人认识，也没感到一点不好意思。

也曾经羡慕那些有时间读书的人。也曾常常在感叹和感悟“比你优秀的人还比你努力”这句话的意义。今年4月在安阳参加一个培训学习，见到了久仰大名却未曾谋面的河师大经管学院赵海山教授。赵教授是这次培训的特邀嘉宾和客串的主持人。语言自成风格、学术底蕴深厚，又富有教育情怀。间隙，我请教他如何快速地读完一本书。他告诉我先分类再有针对性地读。虽然时间短，他仍不厌其烦地说：“简单给你说吧，把书分为三类，语言类的，小说类的，学术类的。然后根据它们的特点和自己的需要，泛读和精读。”还给我们讲了他现在每周读一本书的计划和落实情况，说，“一周一本书，为了读完这一本书，可以减少不必要的社交和应酬等，静静地看书。而且还坚持每天写作700字……”听罢，在场的老师无不赞叹，赵老师这样的人还这样努力，我们还有什么理由浪费时间。

这一个月来，我也在静静地改变和调整自己的某些行为和思想。

月初，费力整理出一大纸箱衣服，准备送到一个社区的旧衣物存放点。这些旧衣服放在衣柜里需要花费时间晾晒和收拾。冬天来了，拿出来，还没穿着，夏天又至了。日复一日，看着像是很好的衣服，穿的时候觉得不合适。有的是买来之后，一次也没有穿过，花的钱就算是买衣服的眼光历练和学费吧。下决心丢弃，给那些需要的人吧。

可是，当要送走的时候，我还是有些不舍，再看一遍，又挑出来几件自己心仪的衣服，尽管有些窄了，小了，可是它们毕竟陪伴了我多年的时光，又把它们重新洗过，收拾好，精心存放。这些衣服里，有我的眼光，有我的惊喜，有我的为买它们而思索的时间，其实买衣服也是一种“遇见”。现在，买一件自己心仪的衣服已经不需要多思考了，然而，要想把它们丢弃，还是心里不忍。极简生活断舍离，要做到很不易。到这时，我才深深地感到，我们不舍的不是那不合时宜的衣服，而是那难以追回的岁月和悄悄流逝的时间。

这一个小小的事件，在我的心里盘旋了很久。时光一去不复返，人生是一张单程票，我既然很早知道读书的妙处，为何不下决心多读书呢？这一个多月以来，由于身体的原因，不能多走路，刚好有了更多的时间看书。我也曾在嘈杂的人群拿起书本，也曾婉言谢绝过不必参加的聚会，也曾在繁忙的工作间隙挤时间看一眼，终于能坚持一天天地读了，现在不再为读书觉得不好意思了，而是我天天在做着的一件美丽的小事。

我十分欣赏李约瑟的一句座右铭——迟了也比不做强，我的“百书计划”虽然有点迟，但是我相信它会把我带到一个美丽的地方。

卡夫卡在《我的目的地》中有这样的一段对话：

“你向何处去？”

“我不知道……我只是由此出发。由此出发。我才能抵达我的目的地。”

“这么说，你是知道你的目的地在何方？”

“是的，我没有告诉你吗？由此出发，就是我的目的地。”

老师好好学习，学生天天向上。

6月，都是些美丽的小事。

记忆7月的雨

7月的最后一天，在这个寂静的夜晚，该说些什么与这个不平凡的月份告别呢？刚好，学生给我发来信息，诉说近日的情绪。我建议，先放下这些，不妨自己沉潜一段，读书思考，不必为一些形式上的工作而耗费自己宝贵的时间和精力，可以专注某个特长加以精练和深入研究。

其实，在漫长的职业生涯中，这些工作中的小事件，经常会遇到，自己的作品被别人“借鉴”；自己在网上找到自己的文章还需要付费；自己付出了心力教学成绩却未必尽如人意；自己的优质课觉得能评好等次，却事与愿违；自己做的课题反被别人抄袭，结果别人评了比自己好的等次。凡此种种，让我们觉得，付出总是与回报不成正比，而出现“高原反应”。这个时候，就要及时做出调整，评比总是有相对性，人们关注的点也许不同，突出的方面也许每次都不同。丰富自己的理论知识和内心的境界，避免产生职业倦怠。

任何事物的发展都是螺旋式上升的过程，一定时期的低谷沉潜，正是自我调适和充电的好时机，做得好，必将迎来一次大的提升！就像某次感冒，好了之后身体的免疫力可能会增强，年轻人尤其如此。闫学老师在一次讲座中就谆谆告诫我们，阅读可以缓解或避免一位老师的“高原反应”，也可以给我们的工作和生活注入新的活力……

7月，雨水绵绵，泪水涟涟。一场大暴雨突然降至中原腹地，郑州、新乡、鹤壁、安阳等地似乎承受了天空莫名的愤怒，锦绣中原遭遇灾情。之前，在内心深处，始终觉得中原与台风、与地震、与极端恶劣的天气和地质灾害离得很远。然而，看着朋友圈里转发的暴雨情形和官方的报道，为百姓舍小家为大家的大局观念所感动，为各地志愿者的奉献所感动，为我们的军民鱼水情所感动。许多人发出了“为什么我的眼里常含泪水，因为我对这土地爱得深沉”的感慨。泪点很低的我常常刷着手机不知不觉泪水打湿眼眶。

这个极端的强降雨天气，也让我记起高中时代，我们的地理陈老师，花白的头发，戴着一副深度眼镜，很有个性，随手一画，一幅地图，信手拈来，一个故事，一个国家……他个人就是一幅流动的地图，走到哪里讲到哪里随时画出来，他个人就是地理，看到他就看到了地理课的无限生机。有一次，讲到动情处，眼镜“啪”——向讲台桌上一甩，“走遍全国各地，就咱河南宜居”。就这样，不知不觉地培养了我们学习地理的兴趣，同时也培育了爱家乡的意识和情感。那个时代的老师总是有着无比的教育情怀和教育底蕴。

这个7月，我也有一次与暴雨擦肩而过的侥幸和惊喜。暴雨前的几天，我在北京参加一个培训，培训的日程安排满满，结束之后还要进行考试。这么重要的国家级培训，一定要认真对待。第一个晚上，我们召开了小组会议。会议结束后，我和魏巍妹妹就在房间学习，第二个晚上也是如此。结合白天的讲解，一遍遍地理解、记忆、联想。我们认为，只有自己做到理解透彻，做到心中有数，关键问题记忆准确，在考试的时候才能从容应对。上午满满的讲座结束之后，就进行考试。在手机上答题，限时20分钟，客观题之外，还有主观题——即时完成一节课的教学设计诸环节。在匆匆完成试题之后，来不及吃饭，就打车去北京西站，几乎是跑着上了高铁。高铁要在郑州中转才能到达南阳。中转时间只有短短的22分钟。当高铁即将到站的时候，列车员告诉我们：“高铁晚点10分钟，你们跑着看看能上去南阳的车吗，如果赶不上，就到前台给服务员说，会给你们安排下一趟车。”我和徐老师就连忙跑着下车。

长长的站台，高高的步梯，偌大的候车大厅，徐老师一把拉过我的行李箱，我们一路小跑，终于在高铁发车前顺利上车。气喘吁吁，坐在车里后好长时间才平静下来恢复正常的气力。原本是想这个下午走，时间太紧还不如第二天轻松地回来。后来想道，这一路真是顺利，如果等到第二天，也许就和大雨撞个满怀。但这一次，只是擦肩而过，因为我想早些回来第二天照常上班。其实，这些年，外出学习，从来都是来也匆匆，去也匆匆。学习，我们是认真的，中原名师绝对不是也不允许是虚幻的光环，正高级职称、特级教师都是时间和汗水的结晶；研究中考，我们是认真的，做课题、写文章，研课磨课，指导大学生……

我们的时间就是这样充实地度过。

肖邦曾说：“我每天努力练琴十几个小时，最终世人用天才两字总结我所有的汗水。”我们努力只是为了自己的初心，自己的责任，对自己学科的尊重和对教育事业的热爱。

有一句话叫：把论文写在祖国的大地上。连续几年，中考结束，我以最快的速度写好试题品析文章，之后打磨修改，投稿发表。我们的文章是在对课堂的研究和思考中写出来的。

这场擦肩而过的大雨，给我们带来的思考很沉重。我时常叩问自己：假定大雨来时，某人是那个在涵洞下求生的人，或许，自己的某些难解的疑问会有些解答的曙光，毕竟，生命至上。

来看看一句经典的剧本对白：

“南昌下大雨没有？”

“没有下雨，但比较热。”

告别7月闷热的天气，希望8月微凉，清风徐来，各地的人们得以平静，内心安生，生活康宁！

做自己的精神贵族

阴雨霏霏，衬托着若水的流年；掩卷品茗，书香和茶香寄托着尘世里岁月的悠扬。独坐屏幕前，与时光对语，人生禅意。又该用什么样的话语和8月告别呢，蓦然想起，就从今天下午的两个小美女说起吧。

先来了一个小美女，婷婷。中旬参加了县级优质课赛讲，落落大方的教态，丰富多样的课堂语言，教学重难点的恰当突破，图文并茂的板书设计，一步步地把教学引向深入。听罢，我欣喜地说："站好，我给你拍个照。"这一节微型课，在当时的同课异构里，表现得相当突出。今天，在校长对学科的关怀下，她来和我交流新接的九年级的课。中午我在想，我如何不负校长的重托，让谈话更有实效呢，是给她串课文，说重难点，还是讲一些理论呢？先了解"学"情，再说吧，果然，这个女孩是科班出身，洛阳师院的思想政治专业，和当年的我一样（我第一学历才是专科哪）。20世纪90年代初期，什么资料也没有，甚至刚开始那几年九年级连个教学参考书也没有。从初一初二直接到初三，从此一直教初三。不如我就给她聊一聊我当初第一次接初三毕业班的时候是如何想的如何做的，或许会对她有所启发。就这样开启了愉快的学科交流之旅。作为新教师拿到一本新教材时如何做，如何让自己的课深受学生的喜欢，如何在第一次带毕业班中考中取得令人满意的成绩（改日写出来自己初教毕业班的经历）……

正当我打开书本开始阅读之旅时，我的一个学生后来成为我的同事，也早已是毕业班老师的一繁来了，当时我称她是央视的“李小萌”，美丽典雅，爱生活，会生活，很早就获得了市级优质课的一等奖。当年没有给她多说，只给她一本教学设计精选，自己悟去吧。过几天自己一个人就去参赛了，回来给我说：“那节课，生疏学生，有的学生们说着和自己父母的交往，说着说着哭了。”我说：“那你引导得好，学生们动了情，明了理。你这节课就上好了。”和她的交流一向以师者的口气，总是告诫她教好课，带好娃，管好家，以后得反过来向她们学习才对。今天又给她讲讲女神路老师的好课好生活。

其实，和这些年轻美丽的老师交流也学到不少生活的经验和智慧，新的教学观念，做课件的新技巧，教学设计的新思路，等等。前年，在我晋级答辩的前夕，还喊几个美女老师来一起交流课的快速设计问题，从她们那里得到很多的启发，而我，只是给她们一个思路一个启示：引导鼓励她们热爱自己的学科，研究教材，研究教法，研究学生，上好课，这是女教师的立身之本；热爱生活，做自己生活的主人，优雅地生活，做女教师中的“贵族”。传说最好的老师不教书，只教人，因此最好的教研员也不教书，只引导老师教书育人。

一日到万三三楼一个男装店里买了衣服后，去四楼裁剪裤子的底边。到那以后，服务人员正在给一个顾客耐心地讲解着什么。只见，一位顾客，中间美女吧，暂且这样称呼。现在人们都把女性称为美女，其实美女也不是真的美女，只是对一个女性的略带夸张的赞美称号，时代的发展，在传统时代好多美好的象征，美好的尊贵的称呼也就改变了原有的意义。就像小姐，以前是千金小姐、富家小姐的意思，现在简直意义大相径庭。

这位服务员给讲解的这位女士，真的算不上美女，其貌不扬，头发显得较为凌乱。拿着的衣服也是看着很褶皱，但可以断定有很有设计感的蕾丝衣领，是一条深蛋黄色的裙子，一个口袋上有一点裂口。只见这位服务员耐心地说：

“亲，你的衣服这个地方不能用机器压线，压了针脚外露，不好看，可以用针线把针脚缝在里面，这样看不出来，来，我给你演示一下，你回去自己做。这里没有对色的线。”服务员就用黑色的线，熟练地在一个小口袋旁穿针引线。我也凑近了想学一下。这个做法的确看不出针脚。不禁问了一句：“这个衣服的颜色真柔和，是您的衣服吗？”回答说：“是的。”之后，女服务员又从里面为顾客找到了对色的线，顾客感激不尽自己拿了线回去了。

回来的路上不禁想道，这位女顾客，可能自己的心里也有一个自己的公主梦、贵族梦。无论多大年纪、生活环境如何、外界如何看待，我们每个人都可以穿自己想穿的衣服，吃自己想吃的东西，看自己想看的书籍……做自己的精神“贵族”。

而那个耐心热心服务的店员，那熟稔的女红，也很像影视剧里和我们小时候见过的一些“大家闺秀”们，做针线活的从容姿态。有好久没有做过针线活了，上周把自己喜欢的一些小物件找出来用针线缝补，也顿时感到内心安静、贤淑起来，这才是一个女性应该做的事情。旧社会对女子的束缚，一个女孩到了一定年龄，母亲就会教她做女子应该会的手工活，也是不无道理的。会做手工针线活，如果再读写书。那这样就成了一个知书达理的小姐了，那就是一个名副其实的贵族了。起码，也是一个“精神贵族”了。

贵族，在古代在西方是一种阶层的划分，今天再提也许不合时宜，但无论是精神贵族或者贵族精神都是普通大众对“贵族”这个词赋予的美好意向。是文化的教养，是精神的自尊和独立，也蕴含着一种对于社会而言的担当精神。

百年杨绛先生的一生让我们明白：既能在深闺中与诗书相伴，也能在尘世中与烟火共处；梦想与柴米油盐并不冲突，只要我们在行走中不放弃梦想；即便容颜老去，额前的白发、松懈的皮肤以及满眼的褶皱，都是爱人眼中的风景。而人生一路走来与书相伴，给予我们的不只是那些信笔拈来的心灵物语，看待事物的更高角度，更增添了让精神得以涅槃的人生修为。

愿我们学科的女老师都要做一个自己学科的精神贵族，永葆自己人生的贵族精神。

前几日读过的三毛的一棵树的形象，算不算精神的贵族形象？

如果有来生，要做一棵树，

站成永恒，没有悲欢的姿势。

一半在尘土里安详，

一半在风里飞扬；

一半洒落阴凉，

一半沐浴阳光。

非常沉默、非常骄傲。

从不依靠、从不寻找。

……

雨中漫步，有雨趣而无淋意

坐在9月与10月之间，听清风和弦，闻蝉声渐远，该说些什么与过往再见——

下午，想到国庆节要放假，快下班时在单位，浇浇花，一盆朱顶红在5月开过，叶子一直绿到现在。前一段天气潮湿，阳台上光气不足，叶面上出现了许多白色的斑点。我以为是墙上的白色粉末掉落，同事告诉我是白色的霉菌，是一种虫子。为了保住花草，果断把长满白色虫子的叶子和其他叶子一并用剪子剪掉。期待着，不多久，从粗壮的根部发出崭新的叶芽，来年，花儿会开得更艳。

下班回家的路上，不知为什么，就想着要逛一个服装店，看看有没有适合自己的想要的那种裤子。时常买不到适合自己长度的，才造成了多穿裙子，可是，今年的腿不适合穿裙子。买衣服也是一种“遇见”，有时想好了要买的样式和质地，不一定能遇见；有时，无意间，看到一件，哇，这就是我想要的。质量和样式都适合，只有一样不适合。

话说，小县城房价、物价堪比省内好多地级市，这也是我们的骄傲。讲一件偶遇的事——

前几天坐拼车去市里，路上，同车的一个顾客谈到她在一次坐拼车被同车的市里人看不起时，还骄傲地说：“看咱们的县城风景根本不比市里差，看我们的房价和物价哪一点比你们低了……”

自己当时感到，这个女乘客太爱自己的家乡了，说出来的话真是太有建设性了。的确，我也深深地感到，我们的家乡这些年变化太大，风景越来越好，人们的素质越来越高，老百姓的生活也越来越好了，正在申办国家文明城市。现在，我和我的诸多好友买衣服可以不必多考虑这一样了，可是，不是一有闲暇就想逛街的年龄了。时光如流水，总是会带走一个人生活中的一些小美好。

岁月很美，有时会感到很累。就如这两天，莫名感到特别的累，下午逛了街之后，路遇延迟放学的缓慢人流，只想掉头一个人去河边欣赏美丽的夜景。可是，转不过去，只有慢慢向前走。9月的天气，阴雨多于晴朗，几个月来，自己似乎有了一个特异功能，能预知天气的变化。每当腿部感到隐隐作痛的时候，就会知道，又要下雨了，于是就盼着下雨，盼着雨过天晴，我的腿不疼。

话说，我是很喜欢雨天的，喜欢一个人在雨中漫步的情境。早些年，喜欢在细雨蒙蒙的雨中行走，仰面接受雨的洗礼，被好友称作：有雨趣而无淋意。刚开始有QQ的时候，我和一位好友一起申请QQ号，要起个网名。我就不假思索地写上：雨中漫步。而她，随即写成：雨中彩虹，还说，在雨中，走着走着就看见了彩虹。

迎面走来洒水车，我不再躲过。

“栀子花儿乡，唐河好风光，古塔凌烟立，龙泉水流长……”

9月的某日上午，下班走在东门外宽阔的马路上，一辆洒水车唱着歌儿，从远处迎面缓缓而来。只见前面的几位女士，飞快地骑着电动车从一个出口转到旁边的人行道上，待洒水车过后，又转回到大路上。

而我，不慌不忙，从容地迎着洒水车，从它旁边的“水流”中穿过，享受凉爽的风一样的水雾对身心的滋养。这样的轻松走过已经形成了习惯，而且，我非常喜欢并享受这样的时刻。

这几年，县城搞文明城市创建工作，不知从哪年哪天起，城区经常能看到洒水车了，扫地式的、向两旁洒水式的、向空中喷雾式的等。之前，也有，但出车的频率不高。

记得孩子很小的时候，喜爱车。玩具里很大一部分是各种型号的小汽车，常常在客厅里摆车阵。走在大街上，也喜欢驻足看着各种型号的车。还经常把现实中的车和书中的车、玩具车，联系起来辨认。偶尔看到街上有个唱着“洪湖水呀，浪呀嘛浪打浪啊”的车开过来时，就远远地喊道：“洒水车、洒水车。”很是好奇。

这些年，洒水车经常在街上出现，也不感到新奇了。前些年，街面卫生不是很好的时候，洒水车过来一趟，如果没有及时躲过，或者躲得距离不够远，身上、电车上就会溅起不少的泥水。于是，只要远远地听见歌声，就估计是洒水车要过来，就会找到出口躲过去或者藏在一个车的旁边。随着城市文明程度的提高，洒水车不断地在街上“巡逻”，街面上也越来越干净。平日里，上班途中，会经常和洒水车“遇见”，也不可能总是躲得过去。一次，只顾飞快地骑车赶路，迎面走来一辆没有唱歌的洒水车。没办法，只得迎头赶上。在迎着洒水车的水流而过的时候，突然发现，也没有多么大的水流冲击力，也没有溅到身上泥土，反而感到一阵的舒爽。后来问了学物理的某人，说：“我从来没躲过，如果水太大的话，一辆洒水车能洒多长时间呢，大多是水雾，而且，只有射程的尽头会有冲击力。”

原来，只要距离合适，我们可以享受水雾的湿润和凉意；原来，现在的路面上变得越来越干净，即使距离不合适也没有了泥土的溅衣。

原来，生活中，风雨来的时候，迎着赶上也没有什么大不了的。风雨过后，也许会有一个更加清醒和干净舒爽的自己。

这几天，最燃的句子：如果信念有颜色，那一定是中国红！落实到我们每一个普通公民，我想应该是这样：如果信念有行动，那一定是默默前行。9月的月末，收到自己写的一篇中考试题评析文章将要刊发的通知，有辛勤劳作后小小的欣喜。

“一年好景君须记，最是橙黄橘绿时”，秋天的美，在于一份明澈，一份收获。不妨：

从岁月的河畔
捡回一两枚小贝壳，玩耍
此刻，再斟满一杯禅茶
浅酌，慢饮

假如我……

转眼间，11月已经过去一周了，生活依旧，脚步匆匆，心情些许焦虑。这一段，该读的书也没有读，该写的字也没有写，想研的课还没有启程。

忙碌的10月，总是被一些惦念温暖着——

近日，上级部门要统一完善档案，寻找档案时，好友的不时提醒和相互惦念，不需用交代就为我操心的感动。师兄帮我查找到了当年进入南阳师专的学籍信息，为我省去了舟车劳顿。看到满满的一页纸上，按第一志愿录取的学生只有另外一位同学和我。其他的同学有第二第三志愿的。记得当年升学考试的时候，我的第一志愿选择的就是南阳师专，因为我别无选择，这要根据自己平时的成绩而定。看着当年的录取名单上那低廉的分数，顿觉为当年虚度年华而悔恨。在那个可以复读的时代，也曾想过复读，因家人的反对而放弃。因为在那个千军万马挤高考“独木桥”的年月里，农村的女孩子只要能考上个学校，吃上所谓的“商品粮”已经是不错的路子了。在毕业后的最初几年里，也曾受一个同事的影响，想报考研究生，可是最终因为意志不坚而未果。之后的好多年里，多次做梦梦见自己依然坐在高三的教室里备战高考……此去经年，渐渐领悟到这些梦境，就是自己当年没有尽到努力和对自己学业的不满所产生的潜意识的再现。多少次这样想过，假如人生可以重来，假如可以再有一个青春的高三，那我一定会珍惜时间，刻苦读书，考一个理想的学校，多一份职业选择的从容和一个立足社会的稍高起点。

看着清单上那么多的项目，涉及毕业和入职以来的各项资料，那几天也在发愁，这么多年的档案材料如何去找。一个上午，接到一个妹妹的电话，告诉我，能找到的已经给我找好了。顿时，一股暖流涌上心头……

那些在学校里朝夕相处的姊妹们，那些朴素的不掺任何杂质的情感，那些你批评了她，她依然能感到你的善意和坚定你人格的无限信任，着实让人怀念和心安。在校门口，刚好见到几个往日熟悉的笑脸，那一声声亲切的问候，顿时把时光拉回到20年教育生涯的美好时光。八年多的时间一晃而过，熟悉的人们走的走，散的散，校园似乎变得陌生和遥远。刚刚离开的那几年，时常梦到我还在某个熟悉的教室给学生们上课……回不去的教学时光，回不去的美好课堂。假如时光能够倒流，我想，我还会选择站立在三尺讲台。因为课堂，是一个老师的道场，那是一个老师在教育教学的过程中体验到的超越功利的精神享受的地方，更是一个老师享有最高尊严的地方！

10月里，在诸多的生活磨砺中，变得更加从容，不再一味地为了别人的和自己的面子而委屈自己，可以从容地拒绝做不喜欢的事，用这些时间读读书不是很好吗？静下来，从每一件小事开始，用心去做好，耐心去积累，心性就会越来越强大。

行走拓宽视界，读写静听自己。

10月，出试题，听评课，参加一些推优活动。虽然感到很累，也有些许的欣慰。每次任务过后抬起头，会蓦然发现自己又前进了一小步。试题背后承载的教材价值，“双减”背景下的作业设计思考，推优课中守正创新的反复琢磨……都需要经验的积累和目之所及的敏锐，更需要对教材的深度理解和把握。在以后的日子里，要投入精力深入研究教材研究课堂，根据自己的经验和主张，思考梳理出来。

连续几个月养成的读书习惯，在近日的忙碌中竟然断续了，感到有点焦虑；虽然也每天看几眼，但是，没有像假期那样坚持天天打卡，感到有负于自己的内心。读书的确是一件美丽又难做到的小事，很喜欢，书中的课堂景观，书中的人形物貌，寂静欢喜，都能带给人内心的充盈和向往。这促使我下一步要集中精力研究教材，研究课堂，这是一个教研员的使命和职责所在！

当然10月，也有收获的喜悦。一篇中考试题研究的小文在核心期刊发表，那是中考之后反复思考、适时选题、一日久坐不动的成果。只有夏日耕种，在秋天才能收获果实。假如时光可以倒流，一定会抓住过去那如水的日子，不让它滴在时间的水流里，没有声音、没有影子，不让它在青春年少的时候，大把大把地悄悄溜走……假如，以后的日子里，可以自由选择自己的时间，那就可以用读书来遮挡聒噪的喧闹，用读书来填补无知的空白，用读书伴随渐渐老去的年华。静静地读书，静静地听听自己内在的声音，静静地做自己。

近日读到这样一首诗，很受启发——假如我命该做教师，就要做一个好教师；假如我命该做教研，我就好好研究课堂，愉快地开启课堂研究之旅。

马丁·路德·金在他激动人心的演讲中反复引述过一首无名诗，这首诗也是全美杰出教师雷夫的最爱，也是我从中汲取智慧的宝贝：

假如你命该扫街

就扫得有模有样

一如米开朗琪罗在画画

一如莎士比亚在写诗

一如贝多芬在作曲

所以

假如你命属三尺讲台

就要有耐心
就像对待牙牙学语的婴儿一般
就像对待行动迟缓的老人一般
就像对待
也会常常出错
也会茫然无助的
自己
一般

轻轻走过风吹落叶的地方

11月，从秋天来到冬天，暖阳依旧，静谧安然。点状散发的疫情限制了地域内人们的行程，世界似乎慢了下来。家里和单位两点一线，日子就这样悄悄走过，平淡无奇，风来听风，雨来赏雨。

托尔斯泰说：“忧来无方，窗外下雨，坐沙发，吃巧克力，读狄更斯，心情又会好起来，和世界妥协。”

本月，开始练习一个必备的小技能，驾照去年已换过。七年过去，在驾校学习的那点理论已随着岁月的流逝消失殆尽。近日，利用上下班途中练习车技。缓慢行驶的途中，面对各种争抢时间、不按规则走路和驾车的现象，才真正体会到了交通规则、人行横道的必要。以前，为了赶时间，上班途中自己也曾飞速前进，赶超行人和车辆，也曾横穿马路，也曾抢过红灯。坐在车上，才真切感受到行人百态、遵守规则、礼让三先的重要。

还让我深深地认识到，驾车如教学，也有新手、熟手和高手之分。师傅讲的最终要达到人车合一，就如同我们讲的好课的最高境界是人课合一。

我们在驾校学考的科目一和科目四是理论知识，科目二倒库、侧方等是技能。理论知识和基本技能就好比是之前上课要求的“双基”，即基本知识和基本技能。有了知识和技能就要形成实践能力。这样的能力形成需要的是情境和任务的驱动。于是就有了科目三的路考。路考就好比我们在课堂上给学生情境和任务让他们自己去活动感悟从而完成任务。路考过了之后，要想在考场之外的真实生活中运用这些能力，需要驾驶素养才行。这就是忘了在驾校学习的一切之后，长在自己身上的关键能力和必备的品格，如面对各种路况及时处理的能力和胆大心细、礼貌行车的驾驶品质，这是一个驾驶员应该具备的“核心驾驶素养”吧。期待，在缓慢的行进中逐步提升自己的驾驶素养。

诗意语文的创始人王崧舟老师提出好课的三个境界：人在课中、课在人中，这是第一重境界；人如其课、课如其人，这是第二重境界；人即是课、课即是人，这是第三重境界。第一重境界关键是“在”字，身在、意在和思在。第二重境界关键是一个“如”字，如你的风格，如你的态度，如你的人生。第三重境界关键是一个“即”字。“我在上课，但我同时又在享受上课。我在课堂上彻底敞开，全然进入课堂中的每一个当下，和学生情情相融、心心相印，我彻底打开自己的生命，让生命中的每一个细胞、每一寸肌肤去感受、去触摸、去体会课堂中的每一个当下，我会在不经意间邂逅生命的高峰体验，我会在课堂上率性而为，和学生一起欢笑、一起流泪、一起深思、一起遗憾。”

这就是教师和学生一起全然进入一种人课合一的境界。要实现这重境界，关键是要保持清明的觉知。境界越高，课的痕迹越淡，最终达到人课合一，润物无声，不留课的痕迹。这是我崇尚的道德与法治课的最高境界。

人课合一，人车合一其内涵和意义我想应该是一致的。新手司机和新手教师，开车时要注意人在车上时刻保持注意力集中，“我思故我在”这样才行。稍不留心，跑神了，就会出错。一次我在附近练车时，感到注意力不集中，转弯时，没有看清直行道上的来车，等看到时慌忙打一把方向，幸亏右后方没有来车和行人。从容自如的车技，于我，还需要一段长长的练习之旅。

一日，儿子问我元旦还去不去广州，让我想起之前飞去南方的途中，云端的遐想和云端漫步的妙处。

长长的跑道，漫漫滑行，速度加快，升上天空。起初高度不够，什么也看不清楚，只听到耳边强烈的轰鸣声，看到舷窗外雾蒙蒙的一片。半小时左右过后，飞机平缓，噪声也小了，更多大朵大朵的云堆积在一起。

儿子说："到平流层啦，一切平稳啦。"我说："天晴啦，你看，你看，大朵大朵的莲花，飞机好像在白莲花般的云朵里穿行。"

舷窗外，蓝蓝的天空飘着几朵白云，底下全都是白白的，像冰川，大块儿大块儿的；再过一会儿，广阔无垠，像高原，有山有水，山水连绵；像地图上的极地一马平川，有窟窿有水洞，绿的像湖泊，像河流，白的像盐湖。继续向前飞，目的地快到了，清晰地看到云朵下面的梯田、山林和水路。下行、下行，地面上的雨水看到了。

只有到了高处，才有这样的感触。在和儿子交流的过程中，越来越发现儿子对事对物有自己的思路和看法，尽显自己饱读诗书后丰富的知识储备和洞察力。我的思维也悄悄发生变化，原来以为天阴有雾，可是到了高层，谁知道呢？到了高层，穿过云层之外，所有的天空都是明丽的。

穿过云层，都是光，云端的每一次漫步俯瞰，都能让人产生"不畏浮云遮望眼，只缘身在最高层"的感叹和心灵深处不自觉地起舞。有些风景，如果你不站在高处，你永远体会不到它的魅力。

一日，走在乡镇的银杏村，看着稍显凋敝仍金色灿灿的树枝和铺在路边的满地金黄，拾起几片像小精灵似的跌落在我脚前的落叶，仔细观看，落叶竟也这般多姿多彩，何不慢下来，欣赏小扇子似的落叶静美和畅想它化作春泥之后孕育的美好。有些风景，虽在低处，如果不用心欣赏，你也依然不知道它的美丽。

银杏树对着天空唱歌
被风吹动的银杏叶
在动与静之间，
翩翩起舞
合着一拨拨拍视频的人们
笑着
我们轻轻走过，
感受叶子和时间一起滑落

真正的学术都是心无旁骛的修行

时间平白无故地消失，唯虚度永恒。

喜欢淡淡的心语，犹如清泉洗心。

喜欢淡淡的生活，静静留下痕迹。

转眼2021年就要和我们说再见了，又添白发和皱纹，即将又老一岁，总是在时光中感叹，又总是在感叹中虚度。该说些什么和这个不易的年份说再见呢？

12月上旬，在河南大学教育家书院入院仪式上，自己作为首批研究员站在发言席上，回首走过的31年教育之路，仿佛只为一件事而来，又为了一件事而去。怎样才能和伙伴们一起再出发？站在新的起点，需要的是清零和行动，要做明白之师，明白自己所站立的位置，明白自己要去的地方，明白自己可能行动的过程，才能轻松前行。

中旬的某天，婆家近百岁的奶奶离开了这个世界。我想着，作为一个长孙媳，一定要回去给奶奶磕个头，送别奶奶到她该去的地方。在一个陌生的环境里，奶奶的微笑和慈善，对后辈的关爱和惦念一一浮现，寒风飕飕，奶奶的灵柩缓慢行进，30年的生活浓缩为这一路慢慢的回忆。给我带孩子、给我做饭、教我做饭，教我识人……早年，奶奶对我的呵护和照顾，教给了我许多生活的提示和生存的智慧，使我能够尽快在这个大家庭里站稳走好。奶奶一生养育了五个子女，一大家子人，可是晚景依然是凄楚孤凉，令人不胜惋惜。然而，奶奶的一生却是乐观的、付出的和有意义的。

在《夏洛的网》中威尔伯有这样的话："生命到底是什么啊？我们出生，我们活上一阵子，我们死去。"那行进的队伍和零落的哭声，怀着复杂心情的各路人马，再次启示我们：如何面对家人，如何定义付出，如何解释孝道，人生的意义和目的是什么……

今天得知我在开学初写的一篇随笔文章《向课堂更深处漫溯》，在《教育时报》课堂导刊《我的课堂》栏目发表，虽然因版面所限，删减很多，心里还是很欣喜。得到编辑老师的认可，有了继续读书写文的动力。

盘点今年在完成本职工作之余的时间里写过的文章有：2021年1月《让日子平静而有意义》，2021年2月《推开朝向新学期的窗》，2021年3月《走向碧绿草原》，2021年4月《飞往属于自己的山》，2021年5月《花与书里，寻一份静气》，2021年6月《美丽的小事》，2021年7月《记忆7月的雨》，2021年8月《做自己的精神贵族》，2021年9月《雨中漫步，有雨趣而无淋意》，2021年10月《假如我……》，2021年11月《轻轻走过风吹落叶的地方》，2021年12月《真正的学术都是心无旁骛的修行》。这些即时的记录和浅浅的思考，留下了一年生活的印记和思考的心迹。有两篇读书感悟文章《在教育的大地上优雅成诗》《向课堂更深处漫溯》，也发在公号上。另有两篇研究中考的文章。还有十多万字的读书笔记，这些都仿佛是和时光无声的低语。

盘点今年课余时间所写的文章，在刊物上发表的有：在《河南教育（教师教育）》发表一篇文章《思政课教师在党史教育中的使命担当》，在《中学政治教学参考》第38期初中版上发表一篇文章《SOLO分类评价法的运用及教学启示》。（另一篇文章《由两道试题引发的深思》在《中学政治教学参考》2021年第6期初中版上发表，但这一篇是2020年的投稿文章。）今年在权威杂志发表的文章没有达到预期的目标，一直想写的一个选题依然迟迟没有动笔。但愿，这些小小的遗憾或许会成为明年惊喜的铺垫。

回首这一年，疫情依然困扰，我们的国家很不容易，我们每个人都需努力。回首这一年的自己，更是苦乐交织，生活并不随意。5月，在躺下休息的时间里，我用书籍打发无聊的时间。坚持读书，读出了自己对课堂的感受和联想，读出了自己对同类书籍的对比和思考，有了融会贯通的自然意识和对现实课堂与教育现象的链接。有了这些思考的火花和素材，就有了再次梳理的空间和灵光的闪现。

我经常给学科教师说，要热爱自己的学科，热爱课堂，热爱学生，热爱是最好的老师。热爱加专业，才能干好自己的工作，把工作当作自己的事业，才能使自己乐业。我们在教育学生的同时，如果能用学科丰厚的知识宝库滋养我们教师自己的身心，我们的生活就会因为我们教了政治课而更加美好。生活因学科而美好，学科让生活更美好。任何教育如果最后不指向生活，那它就不是真教育。我们在教育学生的同时，首先要用学科知识滋养自己的身心。所谓育人育己，也就是这个道理。

北大的张海霞教授在一篇文章里提到，本庶佑先生做研究需要6个C："首先，一定要有好奇心（Curiosity），要对所研究的科学感兴趣，这是一切故事的开始。其次，在研究过程中，会遇到很多困难。这就需要有勇气（Courage），对困难进行挑战（Challenge）。然后，需要专注（Concentration），需要锲而不舍地持续下去（Continuation）。在这持续、专注的过程中就会产生自信（Confidence）。"

这6个C中最难的就是"专注"这一关。是的，就像水滴石穿，靠的不是一瞬的力量而是不舍昼夜的坚持。专注，就会有奇迹出现；坚持，就会有万水千山。

时光不语，岁月含香。未来的2022年，我希望自己更集中精力研究课堂和中考，也还会在光阴里，用文字书写课堂美好，春风、夏雨的飘逸，秋叶、冬雪的柔美……

经典里的繁华

读书启智慧，我手写我心。“文章千古事，得失寸心知。”读和写，是一个教师打开天窗，汲取阳光，望向辽阔生活海洋的极佳路径。读着写着，岁月走过，花就开了……

读书，教师最好的修行

季羡林先生曾说过，“天下第一好事，还是读书”。

季先生为人所敬仰，不仅学识，还因他的品格。言有物，行有格，宠辱不惊，学问铸成大地的风景。

作为一个老师，心有一缕书香，让课堂焕发灵光；家有一间书房，犹如一扇采光的窗，粗茶淡饭亦养颜保健康。

读书熏染人生，有那么“十本书”对我的工作和生活有过标志性的影响，给我以智力支持和精神动力。

打开一片天，十年俱一格。在“一支粉笔一张嘴，一块黑板打天下”的20世纪90年代，促使我的课堂风格形成并走向优质课大赛舞台的当属于《初中思想政治课优秀教案选》（初三分册）了。这本书已经老旧磨损，书页发黄，但一直安放在我的书桌上，是我参加工作的第八年，第一次外出参加省级教研会时购买的。

政治学科的特殊性决定了它往往走在课程改革的前列。为了配合1998年秋期初中各年级使用的《思想政治》新教材学习，河南省教育厅组织全国著名政治教研员、优秀政治教师共同编写了一套书。我买的这一册，按照新教材的课时顺序，每课时都有教案。那时初三课文的逻辑进路是按照社会发展的规律逐步推进。第一课古代社会的发展历程，第二课资本主义社会是最后一个阶级社会，第三课社会主义代替资本主义是社会发展的必然趋势，第四课中国处在社会主义初级阶段，第五课做社会主义事业的建设者和接班人。每一课时的教案格式规范，材料选取新颖，情景创设引人入胜，缓步其中，流连忘返，掩卷闭目，引发思考!

近20年过去，教材几经变换，这些精选的设计依然散发着学科的光芒，蕴含着以生为本的教育理念，体现国家意志的基本观点，滋润着学生素养的提升，尽管没有刻意的互动、模式、热闹和夸奖。

得到这本书后，我又让在北京工作的外甥女到北师大给我买了初高中的一套教案。这些高手们的教学设计为我打开了课堂教学的一片天。让我进一步思考教材的深远立意、课堂的有效组织、学生知情意行的引领，如何既提升素质又提升成绩实现双赢……对这些问题的思考促成了我的课堂“愉快教学风格”的逐步形成，融知识性、科学性、趣味性于一体，使课堂变为学生主动学习的乐园。

特色的课堂风格是名师的立教之本。只有不断学习，才能使自己的一杯水常满常新，也才能永葆教学的青春。

经典中的素与简。有人说读经典名著就是与高贵的灵魂交流。《世界文学名著精华》包含四部名著：《红与黑》《简·爱》《羊脂球》《钢铁是怎样炼成的》。在辨别与比较中发现，喜欢读的是

《简·爱》。这是一部带有自传色彩的长篇小说，作者夏洛蒂·勃朗特温柔、清纯，喜欢追求美好的事物，她描写的简·爱展现给人一种化繁为简，返璞归真，追求全心付出的美好感觉，女主人公善良、质朴和坚韧的品格，引起共鸣，净化心灵。

现实社会，说复杂也复杂，说简单也简单，看你怎么去对待，我们都是芸芸众生，要学会在简单的爱中修行！

系列丛书，助我成长。“高纬度教育教学丛书”共有十本：《教师如何上好课》《教师如何备好课》《教师如何说好课》《教师如何观好课》《教师如何评好课》《教师如何进行学法指导》《教师如何进行反馈和测评》《教师如何进行发展性评价》《教师如何做好学困生转优》《教师如何自我完善和发展》。丛书理论联系实际，有新的理念、鲜活的案例、针对性的评析。每个章节的编排，开头有学习重点，前八本后面还有思考与练习题，这便于让读者结合实际感悟巩固。

精心挑选的书籍，像面包松软可口，爱不释手。得书两年后的2013年暑假，我联系自己的实际再次研读，有时在旁边的空白处作批注，有时画个问号，有时把十本书的目录都摊开，看看哪些内容前后照应自成系列，哪些内容前后互补，案例不同，侧重点不同。促使自己反思梳理多年零碎的教学经验。感觉总体上自己在教育教学中摸索的做法基本符合这套丛书的理念。同时，我的实践体会，也进一步佐证了这套丛书理论的实用性。

读书就有收获，成长在不知不觉中。在教师向教研员的转型中，在观课议课、试题命制等平凡的工作中，走向纵深从容！

诗意的课，在于当下。如果说系列丛书帮我梳理，《听王崧舟老师评课》则让我再次找到课中的自己。偶尔读到一篇文章引用王老师的“评课就是评自己”“评课的核心是倾听与理解”的观点，眼前一亮，立即购买，反复读之，他的课的“三重境界”的观点亦是我对课的向往。

这本书共分五辑，悟课、鉴课、析课、品课、赏课，每一辑都有五篇王老师亲自撰写的课例点评并附上作课老师的课堂实录。单是每一篇的标题都让我感到王老师运用语言的精妙和诗意。只可惜课例是语文课而不是政治课。即便如此，从中汲取的营养也是很大的。他的一堂好语文课的“三味”启发我思考并提出思品课的“五味”。

诗意语文的创始人王老师那洋溢的激情、诗意的评价语，汩汩流淌着对执教者的肯定、赞赏。如果心无诗意，就很难发现课堂上流溢的美，哪怕只是一点点，如果心无智慧，就不要指望对课堂中闪现的灵光能做出会心的响应。王老师提出课的最高境界是“人即是课”，即者当下也，实现也，心即佛也，我在上课，我同时又在享受上课。我就是课，课就是我，我和学生一起全然进入一种“人课合一”的境界，这种境界就是诗意，就是自由，就是深深的幸福感。

教学生涯中最美的时光是上课，教研员生涯中最美的时光是评课。平凡忙碌的工作中所见课堂人、事、物中都有对自己灵魂的观照。世界上不是缺少美，而是缺少发现美的眼睛，自由诗意的评课中有我对老师们的激励、鼓舞和唤醒。

悦读着，发现着，反思着，成长着，快乐着……

幸福钥匙，在自己手里。朱永新先生是新教育实验的发起人，新教育强调教师要“过一种幸福完整的教育生活”。《致教师》这本书以书信问答的方式回应我们在教育中遇到的细碎的普遍的问题，似乎就是在给自己答疑解惑，帮我们找到打开教师幸福之门的钥匙。

全书共分四辑，即“给我一个做教师的理由”“借我一双好老师的慧眼”“愿我书写一部教师生命的传奇”“让我们过一种幸福完整的教育生活”。前三辑共收录先生与一线教师对话的46封问答式书信，最后一辑收录自2010年以来先生为寄语新教育同人的5篇年度致辞。细读此书，看见真实，看见真诚；遇见理性，遇见理想。在文字与心灵相遇的地方，亮着指路的光。教师的幸福在哪里？朱先生说，它在创造中，在服务中，在研究中，在分享中。

每个人的一生都是一个生命的叙事，教师的工作更是如此。我们要在时光中创造更好的自己，才能用生命引领生命，用幸福塑造幸福。

撒播种子，创造神奇。如何让课堂教学充满激情和创造力，又不失严谨，没有比《学生教我做老师：罗恩·克拉克学校的成功秘密》这本书带给我的震撼更大了，这本书是美国一所学校的创办者罗恩的合伙人比尔登所撰写。全书以17个课程的方式给读者展现了一幅幅神奇的教育革命图景。充满着思维和想象力的神奇，不虚构，展现的场景比《第56号教室的奇迹》更神奇。

罗恩·克拉克学校是一所将废弃的旧厂房进行改造而诞生的新学校，学校对学生的承诺是无论天资聪颖或问题生，交给学校就会有巨大的成功。学校在罗恩及其团队的率领下，很快成为一所名副其实的好学校。梳理一下他们的秘诀不外乎：建立亲密关系，创造神奇，坚持播种。关心学生的家庭生活，是该校老师们特别关注的一个方面。课堂不断为孩子们创造神奇，是学校课堂教学的基本使命。老师要做到抢在学生前面发现他们身上的长处，通过这样的行为，来改变他们对自身的理解。这样的种子在师生和谐环境里开了花，结出了硕果。

比尔登说自己之所以选择做老师，就是因为可以因此而播下种子，帮助那些年轻人成为最好的自己。是的，作为老师一定要坚信，我们的努力会产生效果，孩子总有一天会在我们渗透给他们的东西上汲取到力量。我们也从学生那里学会寻找个人及职业生涯的快乐和生活的意义。

一株兰花香，芬芳科研路。从十年前做课题的茫然到慢慢地摸索，看过一些关于教科研的实用指导书。但是这本给我的感觉最清新，读得也更耐心。《基础教育教学课题研究十八问》内容涵盖了课题研究的酝酿准备、选题申报、立项获准、组织开题、实施研究、中期评估、后期整理、结项获奖、成果推广等一揽子预案和措施。既有课题研究的一般流程，又有每个流程的每个环节的详细问答。既有各类表格如立项申报书、开题报告书，课题变更表、结项鉴定审批书的填写要领，又有各类会议如开题报告会、中期评估检查会等的流程参考。既有理论指导，又有和具体实际结合的手把手交给。既有课题研究的重点如结题报告的写法，又有一些难点和关键点的解读，如核心概念的界定，研究目标和研究内容的区别和联系及表述方法，并教会如何将研究意义、研究目标、研究内容三者巧妙结合……

学以致用这本书，助我成为课题管理的行家里手。

个人幸福，教育幸福。作为一个老师，培育祖国的花朵和培养自家的孩子同等重要，时光飞逝，转眼孩子已长大。读《亲爱的安德烈》让我深深地为对儿子的教育投入心力不足而懊悔。

这本书是华人作家龙应台与她的大儿子安德烈合著。安德烈14岁那年，龙应台离开欧洲，四年后才再和儿子有了接触。18岁的儿子已经不再是她记忆中的小孩。安德烈在德国，她在中国香港，为了接续和儿子的感情，她提出合写书信专栏，三年的坚持写成了36封书信——《亲爱的安德烈》。这本书和《孩子你慢慢来》《目送》构成了龙应台的“人生三书”。

书中的内容既有安德烈的独立宣言，又有作者对自己母亲身份的自我梳理。我读着反思着，回想自己教育儿子和侄女的过程中，如果再多一些耐心，多一些倾听，多投入一些心思，是不是孩子们会更受益。

让我们再读一个睿智的母亲在第28封信里写给儿子的话：“我要求你读书用功，不是因为我要你跟别人比成就，而是因为，我希望你将来拥有更多选择的权利，选择有意义、有时间的工作，而不是被迫谋生……千山万水走到最后，我们最终的负责对象，还是‘自己’二字。”

时刻修正自己，一辈子学做老师，一辈子学做母亲。

让课堂革命悄悄发生。“看过数不清的教室，没有哪一个教室和其他教室飘逸着完全相同的气息，有着完全相同的问题。学生、教师、教材、学习环境这些教室里发生的小事，都有着大的意义，每个教室的每个时刻都有着不同的风景。”《静悄悄的革命》这本书共由四章组成：教室里的风景——向创造性学习迈进，改变教学——学校改变，设计课程，学校改革的挑战——中小学的实践。

个人认为，里面阐述的教室、教师、学校、家校联系等观点，现在看来已经不算新颖独特，这些理念经过新一轮课程改革十多年的熏陶，已深入人心，但关键是如何从实践上落地生根，如何构建真正“以学为中心”的课堂，真正地静下心来与学生相互倾听与理解，如何让我们热闹的课堂有序有效，如何把学校变成真正的学习共同体，让老师和学生都成为更好的自己。一切与教育有关的行政和个人都应该静下心来，而不是追求形式。

课堂教学应当追求的不是“发言热闹的教室”，而是“用心相互倾听的教室”。作为“付诸行动的研究者”，作者“每周去各地的学校访问，幼儿园、小学、初中、高中、养护学校等，看过数不清的教室，在各个教室里观摩，近20年来一直如此”。他把自己融入学校的教师和学生中，“与教室里的学生和教师同呼吸”。

我们主要学习的是这种投身课堂革命的勇气和坚持。课程改革的关键在学校，学校改革的关键在课堂，课堂改革的关键在教师，各方面要关注教师的成长，教师也要修炼自己，锤炼课堂，让教室成为学生生命的培育场。

课程改革不是一蹴而就的，每节课改变一点点，静悄悄地将课改化繁为简。

读书即遇见。“于时光的荒野里，她始终如兰芷，如清水，在这纷繁的尘世里寂静欢喜。”遇见你之前，我没想过结婚。遇见你之后，我没想过别人。这是钱锺书和杨绛决定一生的遇见。

人生中的许多美好都是遇见。遇见本书之前，买过几本与杨绛有关的书，《围城》里有些地方的拗口，《我们仨》里的凄美，《走在人生边上》的世道人心，其他作家著的《杨绛传》里浓浓的学术味，让人心生一丝沉重。

遇见《且以优雅过一生：杨绛传》不想再看别的此类书。优雅的书名，优雅的装帧，优雅的文笔，优雅的主人公形象，栩栩如生！淡雅而不孤寂，繁华而不彰显，独立而不失温暖，坚定也伴着温暖。书如是，人如是，生活当如是。

“上苍不会让所有幸福集中在某个人身上，得到爱情未必拥有金钱，拥有金钱未必得到快乐，得到快乐未必拥有健康，拥有健康未必一切会如愿以偿。保持知足常乐的心态才是淬炼心智、净化心灵的最佳途径。”寥寥字句里道尽了杨绛先生参透世事的智慧。读罢让人落泪的同时，让人看到她身上除了光芒闪烁，也深藏着世间难以承受的痛苦。

杨绛先生是名门闺秀，知书达理，相夫教女。被她的丈夫称作“最才的女，最贤的妻”。“然而，她在105年漫长的人生里，历经曲折动荡，饱经岁月打磨。她把她的一生，活成了一个典范。”

穿过时光的荒野，她于浮光掠影里，娴静安好。

她经历的百年往事，都成了和煦的春风，带着暖意融入人们的心田。世人纷纷感叹，世间曾有她这样一个人，真好。

敬畏也好，虔诚也罢，我们都可以追随她走过的光影，来感知生命的静美。

她缓缓地走过岁月，走在人生边上，始终明媚从容。这就是杨绛先生。我的妈妈也是一样。妈妈也懂得世间最奢侈的幸福与金钱、名利无关。从旧社会到新中国，经过了饥荒年月，一生劳作不止，从食不果腹到温饱和富足，无论岁月多么艰难，都坚强坦然地走过，迎来了子孙满堂和幸福的生活。然节俭成性，劳作成癖。

这世上活得如杨绛般的先生不多。这世上可以活得如母亲般的年龄的人也不多，身体这么好、性情这么好的乡里人更是不多。杨绛先生是我的偶像，余生，活成她和母亲的模样！高山仰止，景行行止，虽不能至，心向往之！

※　　※　　※

我常常因自己读书太少而遗憾无比。人生如课，课如人生。悦读是教师最好的修行。用杨绛先生的话来为本文做个结语吧——

我们曾经如此地渴望人生的波澜，到后来才发现：人生最曼妙的风景，竟是内心的淡定与从容……

（本文发表在《中国教师报》2017年11月29日第9版，版名：教师成长）

风会记得一朵花的香

一个人的存在，到底对谁很重要？这世上，总有一些人会记得一朵花的香。凡来尘往，莫不如此。

2019年1月21日至22日，唐河县举行期末考试，城区几所学校实行质量对抗赛。根据县局和教研室统一安排，我在新二中驻点，负责监督考务工作。每一场考试就绪后和巡视考场的间隙，干坐着甚觉无聊，就随口说，早上走得慌张，要是带上一本书来就好了。

本是随口的一句话，就又和中心校的徐主任一起谈论着有关学校和教育的情况。一会儿，负责考务的新二初中小美女，给我拿来一本书，说："您看看，这本书，丁立梅写的，不错，一看书名我就很喜欢。"

高兴地接过书本，一看书名真是喜欢，《风会记得一朵花的香》，这书里一定有花香沁人心脾吧。再看看这封面，我喜欢的柔和淡雅，散落着粉嫩的花香瓣瓣，无声飘洒在心间，意境十足。翻一下，和封面的清新相比，每一篇文章的篇幅也不算长，正适合那个场合，看几分、十几分钟，得去做该做的事。作者用朴实清新的文笔诉说着生活中的过往和瞬时的人生顿悟，有小时候的，有教书育人的，有近处的，也有远处的，透过这些"家长里短"，可以看出一个人的微笑向暖。做老师，到这里，有情怀，也是极致。

很是欣喜，两天的间隙，看了大半儿，剩下的也大致浏览。

结束工作回来后，依然对书中的文风和作者对生活小事的咂品在心中念念不忘，就让儿子在网上给我买了一本儿。于是，手边又多了一本书《风会记得一朵花的香》。时不时打开书来，品品内涵，也穿越时空，回忆曾经。

那个给我送书的女子叫天宝，是新二中的教务主任，上身穿着经典白色短款羽绒袄，下穿绿黑相间裙子。款款走来，从早忙到晚，不急不躁，一会儿改卷，一会儿去班里看看，一会儿陪人聊聊天，不张扬，不喧哗，就像书里描画的古代大宅门里走出来的书香女子，含蓄矜持，要把自己开成一朵美丽古典的花。

“赶太阳，多好的一个词语呀，我在这个词语前驻足，从此铭记在心。每当我觉得寒冷的时候，觉得灰心失望的时候，我就把这个词语掏出来，暖一暖。”

“赶太阳”，多好的一个词语呀，啥时间忘了哪，整日看似忙忙碌碌，有太阳和无太阳的日子似乎无什么不同，继续做着该做的事。怎么这个词语，一下子把我拉到了童年的美好时光。

小时候经常和大人一起赶太阳。冬天的时候晒太阳，天气晴好，追着太阳跑，和大人一起在院子里晒暖，坐在妈妈的旁边玩，妈妈和前院的二娘、后院的花婶经常在一起做针线活，旁边玩耍的就有一个我。夏天的时候，太阳赶着人们跑，每到下午，就在院子外边的树荫底下坐着干活，太阳来了，挪到下一个树荫下，太阳走了，树荫走了，就再挪挪。如此几次，太阳下山了，天也快黑了。上午的时候，我家的院子里都是阴凉，她们就都坐在院子里，太阳到了离东屋墙根还有一尺多远的时候，大约快中午12点了，也就各自回家做饭去了。

安静地做着活计，有人拉拉家常，还有小女绕膝，那样的时光也该是那时母亲心中难以言表的炊烟袅袅，岁月静好吧。

后来我上了学，每当放假捧回一个大奖状，一路高兴小跑回到家，母亲就会很自豪，更坚定了让我上学的信念。记得当时村里有好多女孩一起上学，后来都陆续地辍学干活了，后来只剩下我和清阁两个人，在母亲们的坚定支持下，读完学业。母亲总是告诫我说，无论什么事赶早不赶晚，一晚三慌。于是，上学从不迟到早退的习惯一直延续到工作中的守时守正。

1月，在前期写的流水账的基础上，整理出6000多字的一篇论文。又经反复推敲终于成稿，投出。编辑老师说，时间和内容严重滞后，建议写别的内容或2019年再写类似的文章。嘴上说着“不发也能练练笔”，但心里还是对自己多少有些失望。一位尊敬的老师说：“文章当应时而作。”是的，自己本来就觉得时间和内容是有些滞后。其实，早就想写了，也完全可以及时写出来，结果一拖再拖，直到年末。不仅如此，平时也有些“作业”，似乎不到截止时间就完不成任务。前几年的考试题，我总是早早准备，在规定上交时间的前一周内就会发送完毕。现在有时，也好像有了临时抱佛脚的嫌疑，这也是没有“赶太阳”。

书非借不能读也，自己拥有了，《风会记得一朵花的香》剩下的一小半儿，至今还有几篇也没能细细读完，这不能不说是没时间。而是没有管理好时间。赶太阳，要管理好自己的时间、提高做事效率。

自己认为正确的，还是得按照自己的想法，及早打算，积极行动，人生不是被动地接受，赶太阳，才能获得自己所需要的温度。

这世上，到底谁是谁的风景呢？——你是我的，我是你的，只不自知。

年前年后，和一位中原名师姐姐的团队一起做课题，整理课题资料时，深入了解了部分中原名师的课题研究故事，也近距离欣赏到了他们在学术上取得的不凡业绩。活泼开朗的小超人静静，硬是用热情和才情把自己开成了一朵人见人爱的向日葵；坚持开发“养读”课程，把一个昔日普通的学校做得闻名遐迩的女校长雁翎，也让自己开成了一朵经典的花。用火一样激情献身幼教事业的桐柏大美之花李道玲老师，无私奉献、爱洒边疆、让民族团结之花绚烂绽放的来自开封高中的刘坚师兄。在搜集阅读他们相关资料的时候，我也有了对课题研究相关问题的瞬间顿悟。科研之花的馨香也感染了我，不是我在做课题，而是课题在教我以后如何更好地做个课题人。让我明白，每一个看似普通的人背后都有一个与众不同且咬牙坚持的灵魂。透过这些课题研究的故事，不难看出，作为一个引领老师成长的老师，课、课堂、课程、课题是我们安身立命的根本，钻研、创新、奉献、责任、坚持……是内在的修行。

你知道它时，它开着花，你不知道它时，它依然开着花。

我的“兰花”系列中，有一盆天竺葵，无须多打理，想起来时浇一下水，花儿竞相开，花中有两朵，不知何时就开了，大概是夏末吧，只见它秋天依然灿烂。下雪的日子里，把花盆搬到屋里，花儿继续鲜艳夺目，寒冷的冬天里，一盆盆兰花居住的屋子里，唯有这两三朵红花成了亮点，累的时候拜访一下它们，顿时感到偌大的客厅明艳起来。春天来了，这三两朵花，虽有凋零之状，但有一朵的下面，仍有花蕾即将绽开。而这盆花，是我在单位的一盆当中随手掰下一截花茎，插在那里就能扎根开花。

就想，也就是我的这些“懒花”呀，不择花盆儿，不择土壤，“兰之猗猗，扬扬其香”。

我们原都是从从前走过来的。慢慢地，又成为从前。这便是人生。

漫长的冬天虽然过去，天气依旧寒意料峭，积聚的困顿化作春节前后病痛善意的提醒，坚持走路和锻炼一定得成为最重要的日常。喜欢这样一种状态，肩背书包，两手插兜，一个人，或与契友结伴，步行，在路上，或阳光刚好，或雨中漫步，不看路旁热闹，不想俗事喧嚣，悠然前行上班早。

这样的姿态，是我自己从前的模样。皱纹已爬上额头，时光中的这些小欢喜呀，依然清晰。任岁月的河如何流淌，人们，内心深处是否还是想做回青春里的模样。

春天是充满希望的，各种花儿次第开放，一花一世界，一叶一菩提。风会记得一朵花的香，风也会带走我体内淡淡的疼痛和忧伤。

1月，虽冷，有花香……

时光静好　岁月安然

——读桑妮著《杨绛传》有感

1. 优雅无惊过一生

“不乱于心，不困于情。不畏将来，不念过往。如此，安好！”——杨绛先生将丰子恺这锦言妙语给参透凿凿。

于时光的荒野里，她始终如兰芷，如清水，在这纷繁的尘世里寂静欢喜。

她虽生于乱世，却自始至终怀有一颗与世无争之心。外界给了她颇多赞誉——坚忍、从容、睿智、宁静……但这些于她不过浮华如花，开过即谢，她从不为此动容，不曾改变过一分一毫。她始终还是那个如深谷幽兰般的女子，在岁月里温婉如初。

她被周国平如此评价：“这位可敬可爱的老人，我分明看见她在细心地为她的灵魂清点行囊，为了让这颗灵魂带着全部最宝贵的收获平静地上路。”

她，就是著名作家、翻译家、钱锺书夫人杨绛，跨越了105年漫长岁月的一位才女。

……

这是桑妮的感动新作《杨绛传》里对杨先生的温情纪念。

不妥协、不慌张、不迷茫，她的家庭幸福完满，一生以优雅平静走完。这像极了乡村版的杨绛先生——我的无宠无惊过一生的妈妈。

已经看过一本杨绛传记，再次收到快递寄来的这本《杨绛传》是在一个特殊的日子，一个个心急火燎的时刻，我来不及也无心翻看……

书中这些深情的文字，今天读来字字句句温婉穿心，泪眼模糊……

2. 随口说出成经典

上苍不会让所有幸福集中在某个人身上，得到爱情未必拥有金钱；拥有金钱未必得到快乐；得到快乐未必拥有健康；拥有健康未必一切会如愿以偿。保持知足常乐的心态才是淬炼心智、净化心灵的最佳途径。

寥寥字句里道尽了杨绛先生参透世事的智慧。读罢让人落泪的同时，也让人看到她身上除了光芒闪烁，也深藏着时间难以承受的痛苦。

杨绛先生是名门闺秀，知书达理，相夫教女。被她的丈夫称作“最才的女，最贤的妻”。

我的母亲是一个从旧社会走来的文盲，没机会读书，但要求子女们读书，在20世纪60年代，纺花转线，坚定地供应出我们村里第一个女大学生——我的姐姐。同时供应我的哥哥们读书学习。“知识改变命运”，母亲用坚强和执着，支撑着一个家庭的未来……

母亲还常说些类似睿智的话语教导我们。“针没有两头快”“吃亏是福”“宁让人负我，不让我负人”“人敬我一尺，我敬人一丈”……

不久前，母亲来小住，我拉着妈妈稍显变形的手指说：“妈，看你的手指弯的，都是以前干活累的。”谁知妈妈不慌不忙地、有板有眼地笑着说道：“干啥哩干，人家都没干？！老了就是这个样。”妈妈这朴实的话语意在提醒我：干活是应该的，什么时候也不能忘了自己的本分。

这就是我那尝尽人生百味的母亲，和她淡泊从容的经典话语。

3. 解释不透的命理

然而，她在105年漫长的人生里，历经曲折动荡，饱经岁月打磨。她把她的一生，活成了一个典范。

她缓缓地走过岁月，走在人生边上，始终笔耕不辍，明媚从容。这就是杨绛先生。

我的妈妈也是一样。缓缓地走过将近一个世纪的岁月，也懂得世间最奢侈的幸福与金钱、名利无关。

从旧社会到新中国，一生劳作不止，从食不果腹到温饱和富足，无论岁月多么艰难，都坚强坦然地走过，迎来了子孙满堂和幸福的生活。然节俭成性，劳作成癖。

妈妈平日总是穿着干净的旧衣服，有时还自己补了又补。整理的遗物里有许多没穿过的新衣……

每次我给您说："妈，明天中午出太阳了，我给您洗头。"您说："好。"

可是我下班回来，您却自己已洗好了头坐在院子里晒太阳等待头发干。

每次您换好了衣服，总是怕我发现，偷偷地洗好，怕我洗了累着。90多岁的身子骨依然很硬朗，耳不聋眼不花，还会做针线活，我以为您一定能活到百岁……

母亲不迷信，从来不算命，只信自己干，命运就会好。

邻居告诉我，去年村里来了个算命的，看到母亲和邻居们一起在晒太阳，主动给母亲说："你这个老太太能活96岁（农村都说虚岁），不连累子女，得病几天就不行了，寿终在大冷天，一个村都没你热闹。"

气温骤降，2016年的第一场雪，下在送别母亲的日子里……

一夜北风寒，凡尘惹上，素白。雪纷飞，天人同悲。

素不相识的"算命"先生，解释不透的"命理"……

4. 皂荚树伟岸挺拔，静静矗立

穿过时光的荒野，她于浮光掠影里，娴静安好。

她经历的百年往事，都成了和煦的春风，带着暖意融入人们的心田。世人纷纷感叹，世间曾有她这样一个人，真好。

敬畏也好，虔诚也罢，我们都可以追随她走过的光影，来感知生命的静美。

这世上活得如杨绛般的先生不多。这世上可以活得如母亲般的年龄的人也不多，身体这么好、性情这么好的乡里人更是不多。

正如我家的皂荚树，方圆几十里也属罕见。

我家的老宅子里有一棵巨大的皂荚树，这棵树承载我童年的乐趣和我家良好家风的传承。更是我的父母亲坚强、乐善、宽厚的美好品格的象征。皂荚树伟岸挺拔，好似父爱如山，深沉无言；皂荚果可洗衣入药，贫困年代里，是全村人的洗衣必备品。巨大的树冠庇佑着家的夏凉冬暖。

今年的第一场雪，冷风刮过，浓密的树叶如眼泪无声，纷纷落。

抬望眼，皂荚树迎风挺立，父母精神依然在，传承在肩……

品经悟道

——读《道德经》有感

春节过后，我在儿子的书架上找到了《道德经》和《易经》，时间紧迫，粗粗看过。对《易经》64卦和《道德经》81章有了进一步的了解，尽管这个了解还是非常粗浅的。两本书中所体现出来的处事智慧让这个年龄的我明白了许多，我再一次赞叹祖先智慧的同时，对国学经典产生敬畏之心，并对自己往日虚度的光阴感到懊恼，对自己读书浅薄感到羞愧。曾几何时，不止一次地对自己说，要多读书，起码要把家里的藏书看过一遍，可是，平日的琐碎，自己的拖延和懒惰，使这个小小的心愿一拖再拖。如果不是完成一个指定的任务，可能我还是要过些时日才能阅读这两本书。

《易经》被称为“群经之首”，古老而深邃，代代相传，释家林立，《四库全书》中说：“易道之广大，无所不包，旁及天文、地理、乐律、兵法、韵学、算术，以逮方外之炉火，皆可援《易》以为说。”

《易经》不仅仅是一部关于“卜筮”之书。它也是一部具有独特思维方式的哲学著作。它蕴含了“圣人钩深致远、极深研几、崇德广业、开物成务的一门学问，探赜索隐、创业立功，进取原则、观象制器的高深哲理”，堪称中华传统文化的源头。君王在其中看见安邦之策，兵家在其中学到军事韬略，医生视其为医书，修行者视其为仙书。《道德经》是我国伟大的思想家、文学家、哲学家、道家学派的创始人老子所作。但今天看来这也只是一个传说。全书共81章，分《道经》《德经》。《道经》讲述了宇宙的根本，道出了天地万物变化的玄机，讲述了明暗变幻的微妙；《德经》说的是处世方略，道出了人事的进退之术，包含了长生久视之道。

《道德经》被誉为是一部哲学，诗史称为万经之王。不同领域不同行业都有人从不同层面与视角在《道德经》中汲取智慧，并将其作为自己的精神武器，用于认识世界和改造世界。有人在其中汲取营养及其养生的智慧。有人在其中研究政治权谋，有的人在其中寻求商业的秘籍……

一千个读者眼中有一千个哈姆雷特。作为一个老师，一个政治老师当然要在书中读悟出教育教学的辩证统一。

一个多懂《易经》的人士对我说，《易经》的每一个卦象都可以从中悟出教与学的道理。我说，哪些卦象最像最适合。首选蒙卦，启蒙有规，循规则通。蒙卦包含着教育他人和接受教育两个层面的内容，也就是说，我们每个人既是教育者，同时也是受教育者。启示人们，教育他认识应循循善诱、诲人不倦，接受他人教育时更应虚心求教、学人之长。只有这样，才算得上是一个明智德高的老师。师卦，用兵之法，民众为本。教育之道，以生为本。比卦，和谐相处，亲附之道。亦师亦友，亲师信道……未济卦，变易无穷，满怀信心。考试胜败兵家常事，对学业或事业始终满怀信心，循序渐进地做好自己应该做的事情，即使无法达到预期的目标，但在努力完成这些目标的过程中，保持乐观心态，修炼美德，人生一样可以取得成功。

《道德经》里也彰显家庭教育之大智慧。“亲而誉之”，是其中的一句话，整段话是在《道德经》第十七章：“太上，下知有之；其次，亲而誉之；其次，畏之；其次，侮之。信不足焉，有不信焉。”作为父母，要努力营造让孩子感受到“太上，下知有之”的家庭环境，这样的环境，我们很难达到。那就退而求其次“其次，亲而誉之”的家庭环境。我们不要“其次，畏之”的家庭环境，更不要“其次，侮之”的家庭环境，前一段电视、网络中传播孩子伤害父母的事情，这样的家庭，就是“侮之”的家庭环境所致。所以，我们至少要营造好“亲而誉之”的家庭环境，让孩子对我们有信心，在这样的家里，才会有幸福感，和谐感。学习经典，从经典中感悟生活，让经典来指引我们拥有幸福的生活。

《道德经》第五十四章中有语“修之于身，其德乃真”。培育真正的人，唯有以道修身，身化于道，德才会真实。人要摆脱芸芸众生的琐碎烦扰，必须能自觉地把握大道，以人之道合天之道，认识天地，认识自我，一切按照客观规律办事，这样才能达到“随心所欲而不逾道”的境界。

教书育人既是一份职业，又是一种事业。老师，芸芸众生。作为职业，教书育人是我们用以谋生的一项工作，一种谋生的方式；作为事业，教书育人则是我们精神的寄托，是我们一生执着地为之献身的目标和追求目标的活动。在这个活动中，唯有修炼自身的专业和道德，才能享受职业和事业给我们带来的快乐和幸福。

“不贵其师，不爱其资。”“善人者，不善人之师；不善人者，善人之资。不贵其师，不爱其资，虽智大迷，是谓要妙。”意思是说善为道的人，是不善为道的人的师父；不善为道的人，是善为道的人的资鉴。在教育教学中，要善于借鉴别人的经验教训，变成自己的宝贵财富。成功、正面的经验这是“师”，要善于总结，善于借鉴；失败、反面的教训这是“资”，同样也应善于认真学习。进一步说，无论“善人”或是自己，皆有正误成败之经验教训，可师可资，所以须认真反省总结，善与不善，一正一反，一师一资，看似相反，实是相成，缺一不可。“他山之石，可以攻玉”，应该善于总结教育教学经验，做到取长补短，见贤思齐。这与现代的一些教育名家提出的教师专业成长的必由之路——教学反思是一致的。

“上善若水。”《道德经》总结了水有七善——“曲则全，枉则直，洼则盈，敝则新，少则得，多则惑”；水至柔又至刚——“天下莫柔弱于水。而攻坚强者，莫之能胜。以其无以易之也……弱之胜强，柔之胜刚，天下莫不知，莫能行”；“上善若水。水利万物而不争，处众人之所恶，故几于道”。水最有爱心、包容性、渗透力、亲和力，海纳百川，水有至大之量，水有坚韧不拔的性格，有持之以恒、永不言败的精神。以水为师，学一学水的气度、水的胸怀、水的坚韧，那会给自己的教育教学工作以很多启示。

“有以为利，无以为用。”经文：“三十辐共一毂，当其无，有车之用。埏埴以为器，当其无，有器之用。凿户牖以为室，当其无，有室之用。故有之以为利，无之以为用。”译文：“三十根辐条装到一个轴头上，轴头中留有空隙，才能穿进车轴，车才能使用。揉和陶土做成器皿，有了器具中空的地方，才有装物的作用。开凿门窗建造房屋，房屋中空，才能住人。所以，‘有’给人便利，‘无’则发挥了它的作用。”

在现实生活中，一般人只注意实有的东西及其作用，而忽略了虚空的东西及其作用。所以，经文里通过三个例子来说明“无”的作用，有时候“无”比“有”可能更有用。“有”可能让人觉得有利，但“无”才能发挥它的作用。我们的教育过程也体现了“有以为利，无以为用”。学生在学校中接受的最多的是课程的学习，预习、听课、复习、作业，周而复始地进行着自己的学业。这些有形的东西随着考试的结束和学生的毕业，很多东西不在记忆里留存，而对学生产生深远影响的往往是那些经历、感悟、氛围、老师的人格魅力等课程之外无形的东西。

作为教师，需要广博的知识，教育学的、心理学的、学科教学的等等，这些知识的积累过程就是“有”的过程，但有了这些知识并不一定就能做好教学工作，因为“有”不一定会用，要想达到一种较高的教学境界，那就需要更进一步以达到“无”，也就是将这些东西都内化到自己的心灵中，在实施教学时已经完全忘了自己会些什么，更不会去刻意显露什么，但看似寻常的一言一行、一举一动就启发了学生的思维，把学生的疑难化解于无形之中，而达到教化之目的，此乃教师至高境界！所谓“人即是课，课即是人”“课的最高境界是无课”说的就是这个道理吧。

《道德经》第五十二章指出：“天下有始，以为天下母。既得其母，以知其子；既知其子，复守其母，没身不殆。”新时代的初中政治课——道德与法治，其母就是中国的传统文化和当今的中国实际。我们在教学中要善于联系浩如烟海的传统文化，把课程与中国社会的实际，学生生活的实际联系起来，我们的课堂才有源头活水，才能活色生香，在学生的心中留芳。

《道德经》第三十五章提道：“乐与饵，过客止，道之出口，淡乎其无味，视之不足见，听之不足闻，用之不足既。”我们的政治课教学就是一种传道的教育。传输的是生活在当今激烈的国际国内竞争之下的初中学生如何健康成长之道。目前的基层初中政治课教学存在着教师付出良多，却收效不多的疑惑。因为我们的课程不像悦耳的音乐，美味的食物的表象一样，对人们能即刻产生较强的吸引力。恰恰相反的是真正的道，是表现出来的是尝起来时相对枯燥无味，乍一听也并没有什么特殊的悦耳之音，看起来也是平常无奇的，但却蕴含了无穷无尽的力量，用之不尽，对于这样的道并非仅仅通过五官能体会而必须以智慧来体悟、用行为来证实。我们的道法课程就是这样看似副科，实能为初中学生的健康成长奠基！

如何实现呢？《道德经》第四十一章中提道：“上士闻道，勤而行之；中士闻道，若存若亡；下士闻道，大笑之。不笑不足以为道。”真正的有上等觉悟的人，听到道后，即刻便能勤而行之，因为道不是停留于知识层面，而是拿来实践的。我们的“道德与法治”课堂也不是拿来教育的，而是像道一样拿来实践的。中等觉悟的人，听到道后仅仅流于理论不能付诸行为实践中。对自然万物认知浅薄的人听到道后觉得很可笑，因为他根本就没有生活阅历，愚昧懵懂，如果这种人不笑，那就不是道。“道德与法治”老师必须注意避免教条主义和本本主义，依据每位同学的生活体悟来教育，否则就会使一些学生听不进去，只会置之一笑。

《道德经》提倡人人遵守大道，回归人本有的质朴，按照自然规律幸福地生活，实现人自我本身的和谐，人与人的和谐，人与自然的和谐。这与我们倡导的以人为本、立德树人是一致的。

“大音希声，大象无形，道隐无名。”古典经书里蕴含着无限的教育智慧和人生哲学。在新教材的变换给我们的课堂带来机遇和挑战的新形势下，作为政治老师，要实现突破性发展，就要善于从传统的哲学智慧中寻找新的突破口和教育资源，观照现实、古为今用、批判继承，从而探寻“道法”教学新路径。

读书的终极意义

——《生命最后的读书会》阅读感悟

1. 缘由，暑读

关于读书的意义，我喜欢三毛的：“读书多了，容颜自然改变，许多时候自己可能以为许多看过的书籍，都成过眼烟云，不复记忆。其实它们仍是在你潜在的气质里，在谈吐上，在胸襟的无涯，当然也可能显露在生活和文字中。”这段话说的是读书对于个人的意义。

喜欢“世间数百年旧家无非积德，天下第一件好事还是读书”。这是清代嘉庆年间礼部尚书姚文田自题书房的对联，它道出了古人对读书的至高评价和读书对于家庭家风传承的意义。

而拉美文豪博尔赫斯的“天堂就是图书馆的样子”。英国作家毛姆的“阅读是一座随身携带的避难所”更是深刻地道出了人们心中对于读书的至高崇尚和另一番解读。

漫漫人生路上，总会有那么一个契机或者时刻，选择了一本书，伴我们度过一段美好的时光，让我们从中深受启发，灵魂得到洗礼和顿悟。最近读完了《生命最后的读书会》，自己感觉拙劣的文字和肤浅的人生经历难以承受为这一本书写一篇读后感的分量。无奈我布置给自己和老师们有暑假读书作业，一言九鼎，只好浅叙我内心的撼动。

2. 初读，简介

字与字的组合间，惊现着作者和母亲、一家人温馨、坚定、和谐、高雅又有面对俗世庸常、焦虑、无力的真实生活。事实上，透过文字之外的空间，绝不止于此。它是一个涵盖读书、亲情、政治、生命、慈善、宗教等多重视野的综合性展现，然而却以温婉、感性、理智的表达，让真实的生活故事娓娓道来，有泪水但不汩汩，有怨言但不愤怒，有不同更有尊重，有感恩重在行动，伟大蕴于平凡，家教常挂心间。

本书作者是美国作家威尔·施瓦尔贝，曾是《纽约时报》资深记者，是世界知名出版公司Hyperion Books的高级副总裁和总编辑。我买的是王兰英的译作本。我是偶尔在网上看到推荐让儿子买下的，读后觉得推荐毫不夸张。书中讲述的是“一位母亲、一个儿子与书的世界”。作者威尔在母亲的三个子女中是二儿子，在得知母亲玛丽·安患晚期胰腺癌后，为了能与母亲更为亲近地交流沟通，抚慰母亲最后的日子，他找到了一种母子两人都非常认可的方式——利用每一次陪伴母亲化疗的时间，一起探讨共同读过的一本书。以后的两年间，开始了一段特殊时期特殊形式的两个人的读书会，一段具有阅读广度和人生深度的对话之旅。从经典之作到畅销书、从历史纪实到推理小说、从诗歌到戏剧，母子二人共同阅读，共同探讨，有时观点相同，有时完全背离，可是，这丝毫没有影响他们彼此对人生、信仰、勇气、孤独、感恩、绝望、理想等方面的交流与分享。读书会让母亲与儿子彼此贴近，让儿子对母亲的一生有了更细腻完整的梳理，也让儿子更加深爱自己的母亲。母亲的形象都是在谈话和追忆中慢慢呈现给读者的。

余秋雨先生在推介这本书时是这样的话：“一个人在生命垂暮时分的最佳选择，是与家人一起重温毕生最喜爱的一本本书。那情景，就像站在峰顶俯视晚霞下一座座自己曾经翻越过的远山，充满着沁凉而又恢宏的诗意。”

读过这本书后觉得这样的评价，很恰当又诗意。书中的母亲和子女们每个人都有宏达的事业，也都有温馨的故事。不仅如此，作为读者，更要从中学会爱和智慧，努力找到与亲近的人沟通的最佳途径，有了一本本书的引领，有了理想、信仰和选择的明智，也有了迈过人生一道道关卡的无声力量，书中蕴含着让我可以意会不能言说的阅读的终极意义，或者意会也只是肤浅的。

3. 细读，领悟

线索与概述，开头与结尾。《生命最后的读书会》以施瓦尔贝母亲的病情发展为时间轴，以作者和母亲的所读的书为线索穿起一个个温馨的画面。当然还有一条线索是《每日的力量》，再读，也许不止这些。

“如今互相询问阅读数目的人并不多，人们更多会问的是，你最近看了什么电影，或者你打算去哪儿度假”，你无法想象在一个人的成长过程中，作者和母亲经常询问的话题就是“你最近在看什么书？”，或者如果作者做了什么或说了什么令母亲玛丽·安内心担忧或不赞成的观点言论时，她不是责备和埋怨，也不是马上表达自己的观点，而总是适时地转换话题：“你看过某某书吗？我建议你看看某某书，下次我们一起讨论这本书，某某书里是怎样表达这个观点的。”惊悚小说、诗歌、悬疑故事，信手拈来，和儿子进行异想天开和精神层次的深度探讨，也穿插自己的人生际遇，教会儿子及家人、读者无私、仁爱、勇气、感恩、倾听等思维和能力及面对死亡无所畏惧的淡定和精神的永恒。这位伟大的母亲深信“书籍是人类兵工厂里最强大的武器，阅读是最佳的娱乐方式，也是参与人类对话的方式”。

伟大与平凡，慷慨与节俭。玛丽·安曾经参加过各种国际救援组织，不惧危难，多次深入战火纷飞的国家与地区进行和平救助，她总是默默地帮助那些需要帮助的人，希望通过自己微薄的力量改变别人贫穷和窘迫的人生，更希望让世界变得和平和安宁。她已用一切可以利用的途径宣传，一直为阿富汗建立图书馆而奔波筹款，即使在生命的最后时刻。这样的一位社会女性却一向很节俭，经常给儿子说，这书你看过没有，如果得知儿子没有看过，就会说，我的这本看完就给你看。作者在一个地方写道："母亲患病以来，在看完《终得安全》之后，我们又看了大量不同类型的书。我们看书的范围不只局限于'好书'。书的类型也可以说相当杂乱，碰到什么看什么。正如我所说，母亲素来节俭只要塞给她一本书，她必定会把它看完。"

仁爱与慈悲，微笑与温馨。玛丽·安得知一名战地记者被塔利班成员劫持，虽然她与之并不熟悉，但她却对此事非常忧心，写信慰问记者，并一直坚持做祷告，直到那名记者顺利回返。像这样大爱陌生人的故事书里还有不少。而对于家人作者这样写道："母亲的病态和疲倦越来越明显，即便她的皮肤颜色不是那么蜡黄，但整个人却更加消瘦，两颊凹陷进去，皱纹也加深了，这让她的招牌式笑容看起来不那么灿烂了。但是当孩子们围到她身边的时候，她马上又显得容光焕发了。在那次旅行的一天晚上，母亲告诉我，再也没有什么时候比那一刻更幸福了……在缅因州的最后一个早晨，我去楼下找母亲，她正在阳台上给孩子们讲故事，四个孙子孙女围在她身边……"在一次次的聚会中，让自己的子女、孙子、孙女，都来陪伴，给他们礼物，对他们表示感谢，对他们的日常提醒，对他们表示自己是多么的幸福，多么的幸运，她多么的爱他们，等等。那种总是不想因为自己的缘由给子女添麻烦的心理和行为，和我们中国的大多数母亲如出一辙，世界之大，国籍不同，母亲的心都是相同的，文化的内核也是相通的。

玛丽·安虽然是一名职业女性，但她从来没忘记自己还是妻子、母亲、祖母，她把这些角色都演绎得有声有色。这个温和的女子用一种无法形容的平和力量，支撑起家的脊梁，同样也激起了他人心中的万千力量。

知性与优雅，坚定与尊重。玛丽·安受过高等教育，始终保持着旺盛的求知欲，阅读在她的生活中有着非凡的意义，她认为书可以解读命运，“解析生命的本质”，人的一切困惑，“都可能从书中找到答案”。因此，一直到生命的最后时刻，她都没有停止阅读。她用一本本书引领孩子们打开一个个崭新的世界，解开一个个未知的困惑，做出恰当理性的判断和选择。她的内心清醒，有着坚定的是非观念和对事物透彻明晰、发展眼光的认知，她接纳一切符合时代进步的诸如电脑、博客这样的现代化工具，她面对自己和子女意见不一致时或者没有按照自己的意愿发展和与她不同的生活理念时，一直保持理智的对话和智慧的导引。她即使被癌症折磨得非常痛苦时只说有些不舒服。她也不会为解除这种折磨而吸食一点点大麻，这样坚定的意志对于一个75岁高龄并身患绝症已时日不多的老人来说，在那样的国度，难能可贵。只能说是意志坚强，子女和读者的好榜样。她十分注重自己的形象，她从来都把自己收拾得一丝不苟，因为化疗头发稀少，就戴上假发，依然穿得体的衣服，说得体的话。这是一种对别人的尊重，更是自身极高的一种素养。

她经常自己能做的事自己做，也总是要求子女按他们自己的计划行事，不能因为自己的病耽搁了子女的工作和旅行。我注意到以下一些细节，当她得知自己的二儿子的婚姻没有按照自己的意愿选择时，没有表现出强烈的愤怒和不满，但也让孩子知道自己的惊异和不安，“我不安，我惊诧自己为什么要不安……”当看到作者为了陪伴母亲匆匆辞掉所有会议，立即赶回母亲身边时，异常恼怒，问他为何要赶回。总是想尽办法劝说自己的儿女按照他们自己的计划行事，不要回到自己的身边。

作者在书里的一篇文章《七十空性论》里写道：“某个星期六的晚上。我刚刚从法兰克福回来，就与母亲通了电话。母亲通常会问我航班有没有晚点，在飞机上看了什么书。像往常一样，我需要花费些时间才能将话题转移到她身上。她的大部分活动都是关于孙子孙女们的，她提及妹妹妮娜快搬到日内瓦居住了，但是妹妹并没有做好准备。在母亲确认癌症之前，妮娜争取到去全球疫苗免疫联盟工作的机会，能够参与全球疫苗政策的制定。距离妮娜与她的伴侣及两个孩子搬去日内瓦的期限，只剩几天时间了。但是妮娜犹豫了，想留在纽约，陪在母亲身边，度过她最后的时光。'你妹妹不想去，但我和她说必须去。'……于是，在母亲的几番操心和催促下，我的妹妹、母亲的女儿妮娜决定按原计划搬去日内瓦。"母亲用自己的行动教会自己的孩子们学会在面对两难问题的时候，"那个在需要时能重新再来的一个是最佳选择。若只待在家里，就无法去其他地方，而不管你去了任何地方，总是有机会回来的"。母亲教会了自己的子女学会选择，遵从内心，并为自己的选择负责。这样的道理和理性之光，在书中的不同画面时刻闪亮。

倾听与帮助，孤独与优雅，信仰与力量，电子书与纸质书，感恩与幸福……这本书里教会人们的太多太多，让人有一种欲罢不能、想把它一口气读完的愿望，尽管已经知道了她的结局，但是过程的精彩和文笔的流畅妙不可言，尽管是译作本，尽管我不爱看长篇。正如作者在书中说的："这是专属于妈妈和我的双人读书会，借着分享和讨论这些书，让我认识一个不一样的母亲。这些书帮助妈妈迈向她的死亡旅程，也帮助我留下妈妈的人生智慧，迈向未来生活中没有她的日子。"在母亲的鼓励下，她的子女们有勇气和信心做自己喜欢的事情。

4. 结局，意义

三天多的边角料时间读完，反而这几天睡觉不好。可能是还想着书里的内容，因此反复翻看，亦或者说是进入了书里，错过了睡觉的最佳时机。我觉得书籍是最好的催眠剂，这本书开始也是如此，不知不觉看得过了时间，反而睡不着了。最后利用一个下午的时间和晚上的时间迫不及待地看完。单是书中提到的书籍数数就有140多本，自成一道亮丽的风景线，有的听说过名字，比如《飘》《初恋》《每日的力量》《父亲的眼泪》等等，一个个章节，一篇篇文章就是一本书的名字，字面表达内涵丰富，留白扣人心弦。就是这些书形成了作者和母亲的特殊关系，让人透过这些书，看到了一个承担多重角色责任的出色母亲栩栩如生的形象。即使在得知自己得了不治之症之后，对家人、他人和社会的一如既往的爱和担责及智慧引领和无声的教育艺术。

整个书的格调隽永雅致，哪怕谈的是战争和政治，依然平易生动，温婉而述，面对生命的终止，万分不舍而又淡定从容，告诉人们向死而生，相互珍重。我顺便画下书中一句句触动心灵的句子，以备再读。

母亲患病，走向生命永恒的两年多时间里（医生的预言和家人的预测只有半年多），作者利用一种独特的方法陪伴母亲，让母亲从书中找到极大的快乐，延续生命的长度和宽度，这是一种智慧的终极关怀。这是一般人所不能做到和必须尽己所能必须学会的。书籍是世界上最好的营养品和影响品。人生就是一场特殊的读书会。看你怎样去利用它，会不会利用它。

一个临终的人始终离不开书，哪里摆的都是书，离开之后，人们谈论的大多是与她有关的书，她送给他们的书，她对他们的影响，等等。这是怎样一个伟大的女性！如果顺着书里流露的信息搜索一定能找到这个真实的人和事，她一定是当代某个著名的女社会活动家，然而她被称为一个亲切的人，一个和善的母亲。这是人们对她的最高评价，写在讣告里的原话和之后人们对她的极高与平凡的赞美大概都是如此。

“至要莫如教子，至乐莫如读书。”为一位母亲尊贵的思想和令人敬佩的人生而备受影响和鼓舞！为一个儿子对母亲智慧的陪伴和表达爱的方式而感染和感动！

读书的重要，读书的力量，以前只是理解阅读可以让人的精神世界丰富，体现人的精神生命的价值和内涵。而阅读这本书，实实在在地感觉到读书可以直接把生命的时间拉长，同时也为人们指出了一条通向自我和美好世界的终极路径！

一个人的朝圣

——读《一个人的朝圣》有感

毕淑敏说过："书不是胭脂，却会使女人心颜常驻；书不是棍棒，却会使女人铿锵有力；书不是羽毛，却会使女人飞翔；书不是万能的，却会使女人千变万化。"

的确，读一本好书，总会让人产生身心畅快、欲说还休之感。这种感觉不知不觉让人对照当下，反思过往。

为了参加30日下午的一个短会，从10月29日晚坐上去杭州的火车，到30日晚再坐上从杭州返回的火车，遥远的旅程，没有人同行，没有和一个陌生人说过一句话，伴随一个来回路程的是《一个人的朝圣》这本书。

《一个人的朝圣》是一本轻快又带点喜剧色彩的小说，用强有力的新声音表达出了一个古老的英式故事，独创、细腻、感人。作者是英国女作家蕾秋·乔伊斯。本书目前畅销三四十个国家，入围2012年"布克奖"。

带一本书上路，只为打发旅途的孤独。因为是外国的小说，又是译作，乍一看有些句子不是很顺畅，也没有想到能否看完，也许是为了逃避上铺人的鼾声如雷，耐着性子读下去，翻着翻着，读着读着，读出了自己，读出了思考，读出了现实，读出了众生。快下车时，竟然读了大约一半儿。待坐上返回的列车，觉得时间过得好快……

再翻看一遍，发觉线索分明，笔法细腻，写的是普通人的生活，也不觉得难懂了，作者穿针引线，人物关系不复杂，形象栩栩如生。小说里的故事似乎是发生在身边每个人身上的故事，每每读到作者借人物之口道出的简单且人人皆知又难以做到的看似小事其实很重要的事情时，掩卷闭目，感慨颇多。

就像这个路途，或就像这个名师的"光环"下，我似乎没有欢喜之感，赋予我的看似额外的工作也像书里的描绘，一个人的行走变为一群人的结伴，当初也不知道有什么目的，只因为接了校长一个电话，也没有思考过会面对现实的客观情况，将会有多少的挑战，过程中会有怎样的风景，对自己会有什么样的影响。两年多来，外出学习的匆忙，考核答辩的应对，上交作业的挑灯夜战，承担培训任务的诸多细节，就这样坚持了下来，因为信念，因为初心。不知道远方有什么，但我会迈开双脚，继续前行……

小说的主人公哈罗德·弗莱，65岁，在酿酒厂干了40年销售代表后默默退休，没有升迁，既无朋友，也无敌人，退休后他跟妻子住在英国的乡间，生活平淡无奇，日复一日。一天早晨，他收到一封信，来自20年未见的老友奎妮，她患了癌症，写信告别。震惊、悲痛之下，哈罗德写了回信，在寄出的路上，他由奎妮想到了自己的人生，经过了一个又一个邮筒，越走越远。就像一个勇敢的骑士，哈罗德的行为后来引起了公众的关注，很多人参与了进来，也凭空猜测他的动机，称他是大英雄、朝圣者。有几次，他的身体带着快要垮塌的意志一并怀疑自己出发的初衷。他快要坚持不住了想要放弃，他甚至想要躺在荒郊野外一睡不醒。他从英国最西南一路走到了最东北，横跨整个英格兰。87天，627英里，只凭一个信念：只要他走，老友就会活下去！而最终，他还是站在了奎妮的病床前。没有豪言壮语，没有刻意安慰，当他握住奎妮苍白又柔软的手时，奎妮用眼神回应了哈罗德，泪光里闪烁着感激与感动。老友还是离开了，一个无法改变的结局。

哈罗德千里跋涉，只因一个简单的理由，他的同事以前曾经帮助过他。从他脚步迈开的那一刻起，与他600多英里旅程并行的，是他穿越时光隧道的一场心灵的旅行。行进过程中，他碰到了比他悲伤的人，比他勇敢、激励他的人，在山野川峦中脚踏厚土头顶苍穹，他找回了曾经失去的勇气，带着一个信念，像个长路朝圣者一样。

“四月中旬一个再平凡不过的早晨，空气中飘着洗衣粉的气息和新鲜的草腥味，哈罗德·弗莱刚刮完胡子，穿着整洁干净的衬衫，系着领带，坐在饭桌前。”就在这样平静的朴素的场景中故事的帷幕拉开，打动人心的是字里行间的安静和细腻，就像春天珍贵的雨，也似秋天将落未落的叶，在路的彼端，在时光的尽头，在人生的某个时刻，那一点一滴的遗憾，装扮成季节里独特的风景，幻化成我们对美好的憧憬与期盼。哈罗德和书里的角色，都是一个个普通的人，他的妻子、朋友、邻居，加油站的女工，报社的记者，路人，狗，演员，医生，等等，他们说的话，做的事，所犯的错误，内心的自省和对他人的善意与原谅体现着自我发现、爱的回归、日常生活的信念以及万物之美。

书里写的是一段旅程其实就是一个隐喻，它就像我们的一生。起初双手空空，随着旅程的展开，他随身携带的也不断增加，行装、礼物、旅伴、经历、回忆、关注与支持，但最后，无论主动送出或被动丢失，他不得不将那些人、事、物放下，回到开始。由简至繁，又自主地化繁为简，然后一切再次变得复杂，直至全部失去。读一个篇章，问题的症结和真相已经了然，读下去却又发现，事情还不止如此。直到结尾处，造成不幸的真正原因才浮出水面，他一路上都为自己没做过的事内疚并自责，最后却发现，造成一切痛苦的根源，恰恰是怀抱着过去的痛苦和遗憾，不肯放手。

“这世上有许多人每天做的事就是不断将一只脚放到另一只脚前面，日子久了，生活显得暗淡无光，然而每个人的生活又是独特的，每个人都走在不同的道路上。”就像书里说的这样。每个人都在追寻自己的圣地。

一个人走路，一段心灵的拿起放下。就像“人”字，有两笔，一笔写坚持，一笔写放下。其实字很好写，做到都很难。辩证的思想，统一的现实。就像走路和读书，都知道是最美的事，但做起来却很难。只想多走路、多读书、多吃饭、多睡觉，却很奢侈难以坚持。

掩卷闭目，最喜欢的还是隐藏在书页里的女主人的话。

你还以为走路是世上最简单的事情呢，这些原本是本能的事情实际上做起来有多困难。”她继续说，“而吃，吃也是一样的。说话也是。还有爱。这些东西都可以很难。

思维是孤独开出的花

——读《好的孤独》有感

这书里的语言，它的语言，像一束光不经意间投射进我的内心，在那里，某些潜伏了许久的意识和思想的种子竟然借着这光亮得以苏醒，像这孕育希望的春天一样，抽芽，开出花。这种灵魂受触动、精神被点燃的愉悦感，美不胜收。

尘世间的人们，都会有共同点，总是很多人年复一年地穿越于春夏秋冬，从诞生的那一刻起，便顺着自然的斜坡，滑过人生的四季。进入生命是一个奇迹，走向死亡是一种必然，在相同的起点和终点之间，不同的是过程，有的辉煌，有的黯淡，有的成功，有的平庸，但又有点是相同的。无论是谁，显赫厚禄，富翁乞丐，没有人真正能摆脱烦恼，都是在这个充满矛盾的世界中，在不断地解决矛盾中循环往复地前进。有的饥饿难忍，有的精神不振，有的物质丰产，有的情绪紊乱。烦恼各有出处，内容不尽相同。看似不同的烦恼，其实内心一样的无助和孤独。

当亲人离去，“亲戚或余悲，他人亦已歌”。当你在暗夜里哭泣，时间仍在不停地消失，世界不会因为每一个人的烦恼而停滞不前，地球照样每天都在匀速地旋转。春天也不会因了冬天的寒冷而不会到来，阳光也不会因了每个人的悲伤而少一分明媚。悲伤的人倍感孤独，孤独让悲伤者更悲伤。其实，世界有许多人都一样感到孤独，并竭力掩盖自己的孤独，然而孤独却有许多不被人知道的好，而逐渐被越来越多的人接纳并享受着它的好。

一个人到了一个新的地方，举目无亲，有时会倍感孤独，就像一个人在某一个站台等车，时间不长也觉难耐；到了新的单位，教研文化与校园文化的差异，难免有孤独之感，唯有找到自己的位置，干好自己的事，是最好的选择。因了孤独，能听见自己阅读的心音，偶有一个独坐的空间，一杯茶，一本书，一首喜欢的歌。难得几分宁静，思想在音乐中漫步，意识在音乐中思考，心灵在音乐中舒展，远离喧嚣，远离是非，潜心研究试题，研究教材，虽然成不了什么气候，但是却能成为更好的自己。身处基层，主客因素，你奋斗的天花板，可能也就是别人家的地板。

孤独不等于寂寞，孤独是自得其乐的独处，是自成体系的完善。就像一个小小的男孩在一个房间，自得其乐地玩着他的小飞机和小汽车，嘴里喊着口令“嘀嘀，巴巴，嘀巴巴，嘀巴巴，呼呼，呜——”大人们在谈笑风生。小男孩心无杂念，旁若无人。那是一份心境纯真平和的自给自足和无所外求的精神圆融，是纯粹的童真。而长大成人后的所谓成熟，其实并不排斥童真。就像书里的一句，最成熟的，也不过是天真。天真就会永葆童心，会有一份发自内心的自足和快乐，时不时地洋溢在心。

作为一个教师，在专注于教学，和学生融为一体的互动的和谐和思考时的安宁，在那个一动一静的矛盾统一体内，一个问题的解决预示着下一个问题的到来，一个个问题的解决促成和指向了课堂目标的有效达成。那样的课堂师生达到了无我和忘我的孤独境界。会上课的教师，必然是有思考力的教师，思考力来自独处的力量，精心的设计，资源的占有，恰当的选取，都需要教师的思考力。

人的美不一定体现在什么地方，作为教师应该体现在课堂和讲堂。在课堂上和讲堂上有话说，在其他地方尤其是面对一些家长里短，什么也不想说，也不想知道，只想简单地生活。而这样的人有时和喧嚣在一起会显得有些格格不入，和同频的人在一起交谈却显得从容自如，本真如初。

寂寞是一个人的内心无可慰藉的空虚，是急于冲破的樊笼，深陷其中的人往往不知道自己该做什么好，打不起精神，也感受不到快乐。到处乱撞，世界仿佛都不对，只看到自己的好。这样的人偶尔也会如花瓣绽放，而更多的是自以为是，以自我为中心，无他无人。而我们大可以只欣赏它的芬芳，忽略它刺的锋芒。因为只看玫瑰，汲其花香，方能成长。无论什么情况，保持善良是自己的修行。

狂欢有时是一群人的寂寞，而孤独却是一个人的狂欢。孤独和寂寞不同，但也有亲缘关系，它们有一个共同的父亲是孤单。这样看来，孤单具有两面性，好与坏，利与弊，看自己如何对待。

孤独是一种将散佚于外部事物之中的眼光引回内心世界的专心致志，并能从中发现自身潜在的思考力和行动的力量，从而感受到其中的快乐。2月，克服极度的不适，跌跌撞撞中坚持编写了近3万字的课题材料，思考打磨了两套中考模拟试题。时光的溜走中带不走的是孤灯夜战的印记。一个人的热闹，遇见课题及其他课题人的故事。一个人的热闹，预见的是家事国事天下事。凡此种种，孤独中才能看到花开的热闹。

孤独是思想的土壤，能开出思维的花朵。静谧的夜晚，出考题，胸中装着课标考点，下载一篇新闻报道，浓缩、修剪、串联成自己需要的句段，设计题目，修改，试做答案。再修再读，喧嚣的空间，是不适宜的，这应该也是孤独中的热闹。孤独蕴藏着巨大的精神力量。

“闲坐小窗读《周易》，不知春去已多时”，许一段静谧的时光，看个闲书，放一段音乐，是孤独中的欢愉，是一种惬意，是一种诗意。

一个人的世界，静思冥想，什么都可以想，什么都可以不想，任时光在指尖流淌，感受春风和煦、细雨蒙蒙，夏夜星空、缥缈浩瀚，秋风萧瑟、落叶静美，冬日暖阳、雪落无痕，这日子就十分美好。这更是孤独的好。

偶尔给自己放一个假，放慢脚步，享受一段慢时光，与好友一起漫步于河堤或游逛于喧闹的大街，旁若无人，谈论往日的乐趣，看似孤单，却是两三个人的欢喜为伴，此时，朋友就是同路者的独处。

与大嫂通电话，不经意间说出前一段很不好，身体疼痛，第二天大哥便从老家来了。拿了甜的鸡蛋和专门腌制好的咸的鸡蛋，而且还掏出了200元钱要给我。我大声责怪他说："给我钱干啥，谁要你的钱。"我都工作这么多年了，怎么还能花家里的钱，还能让家人牵挂？心里是软软的，倍感温暖不孤单。

一起走到等车的站点，一路上说着亲戚家的事，还像我小时候和哥哥一起赶集时那样，不爱说话的哥哥谈笑风生，很高兴的样子。把哥送上车后，转身，眼前雾蒙蒙。谁说"父母在，人生尚有来处；父母去，人生只剩归途"？我是娘家永远的牵挂，娘家是我永远的靠山。哥哥平时不爱说话，只是我们没有找到他想说的话题而已，而他，也只是不想说他不想说的话而已。

这本书的内容应该说也是鸡汤文，但是经过哲学思考后的鸡汤散发出智慧的浓郁芳香，很值得我们尤其是政治老师去细细品味。而且我觉得，当一个个通俗的道理，比如谎言与真理，真诚与成功，自负与自欺……还有那些个关于生老病死的话题，上升到一定哲学高度，也必须是且必然是鸡汤化的，哲学家们甚至大多都成了鸡汤的代言人，就像这本书里提到的尼采，他的名言"但凡不能杀死你的，最终都会使你更强大"，为许多人的人生添彩，苏格拉底的"我只知道一件事，那就是我什么都不知道"，让许多人上进。所以，即便是鸡汤，也是好喝的，也是作为一个政治老师该喝的。而且这汤还能使人在迷境之中多一分直面的勇气、多一点与迷境和解的安适与平静，更多一些超越迷境的希望。

“当你最终脱胎换骨，你一定会感谢曾经的孤独。”无论外界是什么，我们需要适应外部，且遵从内心做自己！人生是自己的，我们终将遇到孤独的自己，学会孤独，才能和自己相处，真正地了解自己，也才能做更好的自己。

物质和意识的关系问题是哲学的基本问题。恩格斯说，思维着的精神是地球上最美丽的花朵。然而花儿离不开阳光、雨露和泥土的滋养。意识这朵花不管怎么美丽，都是扎根于物质世界的土壤之中。而且，这种土壤需要独处的时光，因此，思维是孤独开出的花。

阅读复旦名师、哲学博士陈果老师《好的孤独》，享受孤独的好，分享之。

阅读是一座随身携带的避难所

书房喝茶，听秋雨，邂逅一段文字漫时光，给心灵一瓣书香。爱因斯坦曾经说过："用一个大圆圈代表我学到的知识，但是圆圈之外是那么多的空白，对我来说就意味着无知。而且圆圈越大，它的圆周就越长，它与外界空白的接触面也就越大。"

以前读到这句话，总觉大科学家还如此谦虚低调，勇于承认自己的无知。现在我感觉，爱因斯坦描绘的或许是一幅真实的图景，而不是刻意的谦虚。

我从来没有像现在这样，想静静地读书，感觉活了大半辈子，好多事情都是不必要，好多时间都是白白浪费掉，好多人都是不必见，好多话都是不必讲，好多活动都不必出场。

而且，作为老师还认为，课堂上好多环节可以省去，好多道理可以让学生在读书或静默中自己去悟。

教书生涯里仅有过一次撕书的经历，只为恨铁不成钢，大班时代，农村的孩子。临近毕业讲完课巡视，发现一学生趴在桌上津津有味地看一本厚厚的书。拿起一看，怒其不争，"刺啦刺啦"的声音响起，教室里空气凝固。遂转身走向讲台，在黑板上写下"《××是怎样炼成的》《钢铁是怎样炼成的》，不一样的书，不一样的人生"。一句话也不必说，沉默里静静地思考，读书声在教室里回响。

一本好书就是一粒善良的种子，一粒诚信的种子，一粒爱的种子，通过滋养会发生潜移默化的效应。教师如同用船把行人从此岸送到彼岸的人，是学生与书籍之间的摆渡人。政治课是为青少年思想打基础的学科，也得靠积累，课本书、时政书、哲学书、名人传记等一切有利于正确三观形成和发展的书都可以读，读得多了，假以方法学科引导，感悟明理，学生的素质和成绩自然会令人满意。

读书给人们带来的改变，并不是立竿见影的，只会潜移默化影响人们的思想，然后人们通过已经改变了的思想去支配自己的行动，思维模式支配行动模式。真读书的人善交真读书的人，而不善于交那些企图用书香味掩盖铜臭味的人。读一本好书犹如和许多高尚的人谈话，如果能把他们的思想给琢磨透，能把他们的思想应用到自己的生活中，那么自己往往更能懂得如何生活，更能知道生活的蕴涵所在。

苏辙曾说：“早岁读书无甚解，晚年省事有奇功。”就像我们小时候读的唐诗宋词，没有深刻理解，不一定哪一天却发挥了奇特的功效，这是记忆的沉潜。每一个人都是一个孤独的星球，很多时候，读书没有太大的指导意义，不过就是发现，大千世界无奇不有，比自己倒霉和幸运的人都很多，不会觉得太孤单。

海岸礁石傲然惊涛咆哮安之若素，更显坚韧稳固；山崖青松蔑视疾风肆虐昂首高耸，更显挺拔雄奇。孔子曰：“智者动，仁者静。”动可震撼情怀，静可雕琢灵魂，只要内心清净，处处皆可桃源。动静是相对的，静可来自行万里路，也可来自读万卷书。书籍是静止的，可以让读者静心，书籍是一盏灯，可以照亮读者的世界，灯有多亮，世界就有多亮。

读书无目的，只为通心意；读书妙无穷，书香熏人生。饭上餐桌，落座，拿起筷子之前大概不会去特别地思考一下“我为什么吃饭？吃饭到底有用没用？吃饭的真正意义是什么？我吃了这一口我能得到什么，下一口又能收获什么？”读书也是这样，如果必须问一个意义，那么于爱它的人来说，它最重要的意义或许就是“陪伴”以及“丰富”。手边有书，就永远不乏味、不孤独，书里有生动的世界，想见的人，向往的去处。世间许多事从来都如此，当我们执着追寻它的意义的时候，就已经失去了它所能带给我们的最珍贵的东西。

毛姆认为读书是为了乐趣。因此，书中他对于人们对巨匠的神化行为并不认同。

在他的笔下，狄更斯、巴尔扎克、陀思妥耶夫斯基、莫泊桑、福楼拜等都是活生生的人，而不是神化的巨人。他们都是耽溺享乐、佯装气派却负债累累的普通人。他们在小说中探讨分析人性的弊端，洋洋洒洒千万言。然而，在生活中，他们都是人性弱点的俘虏。远近虚实话人生，书里书外显人性，一个人两面人，尽管在某些人面前表现得温顺如绵羊，更多的时候难以掩盖其撕裂的人格。

轻松流畅的故事讲述并没有干扰毛姆对小说作品发表深刻的洞见。毛姆对作家作品的评鉴深刻而独到，从不盲目吹捧，一个个鲜活的巨匠形象跃然纸上。光是阅读他的文字就是一场美的体验。

毛姆说，度过了生命的黄金年华之后，蓦然会发现你能欣然参与的活动已为数不多，除了象棋填字游戏，几乎没有一种你一个人就能玩起来的游戏，但是阅读就不一样了，它丝毫不会让你有这种困扰，没有哪一项活动，可以像读书一样，能平复你的心情，能随时开始，随便读多久，当有人找你时也可以随时搁下。

选自己喜欢的书，培养阅读的习惯。能够为自己铸造一座避难所，让你逃离几乎人世间的所有悲哀，我说“几乎”是因为我不想夸张到说阅读能缓解饥饿的痛苦或者平复你命运赐予的某些愁闷。

说得真是好，真是集阅读家与作家于一身，读书也读人，懂书也懂人。

漠然的宇宙之中，周围总是避免不了一些险恶的事情。善良，虽然算不上一种挑战或者一种回复，至少是对我们自我独立的一种确认，这善良是幽默对命运荒唐和悲哀的一种反驳。善良的光辉不会随着时间而褪去，善良是通过正确的行动显现出来的。但谁又能在这本就毫无意义的世界中分辨出什么是正确的行为呢！谁又会说谁的行为是不正确的呢！正确的行为，并非是为了获得幸福，如果会有幸福的结果，那么也是幸引福至。人性虽有弱点但不会在其面前畏缩，生命的美别无其他，不过顺应其天性做好分内之事罢了。

选择任何一种生活方式，都有得有失。所以，不用羡慕什么，也不用抱怨什么。所能做的，只是保持身体和内心的平衡。

《阅读是一座随身携带的避难所》看见这个标题就买了这本书。合上这本书，回想书中的各个作品，各个作家，栩栩如现实人生。读完一本书，就是开始或完成了一次生命的领悟。

“和书籍生活在一起，永远不会叹息。”开启赏心的阅读之旅，收获生命的一次次惊喜……

留将一面与梅花

2021年的暑假，我给自己制订了一个百书阅读计划，打算用两年的时间阅读完一百本书。至今，基本完成，也留下将近20万字的读书感悟。这是我在百书计划实施期间阅读其中一本书时所写的感悟。

教育目的说

本周阅读国内教育书籍《深度教学——构建优质高效课堂的方法》，正好和上一本类似书名的外译著稍做比较。这是一本著名语文教育工作者写的，这本书由序言、后记和六篇主要内容组成。六篇内容即通常所说的六章或六辑，是60篇作者的教育随笔性文章。有理念和具体的方法引领，也有作者教育生涯中对课堂教学的思考和读书的感悟、见闻等。可以感悟到作者是一个基层教研战线上执着追求新境的思考者和践行者。

第一篇的名字是每个学生都是你的作品。里面有12小篇文章，作者用语文老师的视角和文采，展现了自己对学生个性发展和成人的关注。启发读者在教育教学工作中少些功利多些理性和未来。里面也呈现了不少的中外名人的教育名言和思考，还有举的外国课堂样子的例子。

由于和上一本书主题一致，买的时候也是想比较一下异同。因此总是从里面看到一些上周阅读的影子——教会学生深度思考人生的意义，从而达成教育的目的。

作者在第一篇就提出问题：教育是什么？教育的本质是什么？当我们不停地思索追问时，我们自然会想起不少哲人高屋建瓴的陈述。然后列举了作家周国平总结的哲学家的教育的七条箴言。比如卢梭的“教育即生长，生长就是目的，在生长之外别无目的”、罗素的“教师应该把学生看作目的，而不是手段”、西塞罗的“教育的目的是让学生摆脱现实的奴役”等这些观点。显然作者是最赞同后者的说法而把这一句话当作这一篇的标题。也思考了现实的教育和课堂，孩子们重复的作业及无效的学习等对儿童发展不利的因素。也运用了怀特海的话语“自我发展才是有价值的智力发展……”这让我想到怀特海的书《教育的目的》，在那本书里怀特海一针见血地指出：学生是有血有肉的人，教育的目的是为了激发和引导他们的自我发展之路。

在这里，可以有不少先贤的“聚会”和观点碰撞，也有似乎发生在身边的例子。作者举到一位优秀的高三语文教师，经常在课前给学生介绍国内外大事，让学生谈看法想法，结果他的课学生很期待。这让我们思考面对每天变化的课堂、学生和时事，教师的精神状态也在发生变化。如何在课上唤醒学生的求知和探究欲望，让学生走上自我发展之路。教师要调整的是心情，是教学方法，是教学内容，是如何让课堂具有亲和力、吸引力、思维力，这样才能给学生带来足够的唤醒和自由的空间，我们就能从学生眼里看到期望的光、闪亮的光和享受学习的光。

在这一部分，也可以看到尼采的话“没有省察的人生，没有价值”，省察就是思考，就是反思，就是处处设问人生的意义、方法的意义、品德的意义。思考就是第一步，成果就是第二步。作者还用这样几个词串联：教学—思考—过程—成果，以启发教师进一步走向深度教学。我从他的娓娓讲述中捕捉到的这些观点和上一本书的最后一部分有异曲同工之妙。

教育到底是为什么？作者还引用了哈佛大学两扇石门的门楣上刻着的几行字。Enter to grow in wisdom（进来增进智慧）；Depart to server better thy country and thy kind（出来更好地服务你的国家和人民）。还引用了鲁迅的《文化偏至论》中提出的教育实现终极价值的主张，就是“立人”。“首先在立人，立人而凡事举。”

先贤们的思想交流是启发灵性的盛宴，作者的感悟和举例同样是给读者的启迪。教育的目的，古今中外，有同于不同。然本质是相同的，立德树人，服务社会，成人成才。如是，教书不是目的，育人才是真谛。

梅花说

昨天和今天利用业余时间翻看了第二篇和第三篇的部分篇目，有40多面。这些一小篇一小篇的文章，有的是关注教师的成长，有的是从旁观者的角度写所见的教师是如何走向深度教学的，从而取得较好教学业绩的。

在一个篇目中看到了教材中熟悉的哲理名言“认识你自己”。作者解读为三个观点：一是人要有自知之明；二是每个人身上都藏着人性的秘密，都可以通过认识自己来认识人性；三是每个人都是独一无二的个体，都应该认识自己独特的禀赋和价值，从而使自己真正成为自己。作者认为只有真正认识了这句话，才能在自己的教学领域里展宏图，只有真正理解了这句话，才能在自己的教学生涯中有建树。于漪、魏书生、钱梦龙等著名特级教师就是这样的人。

课堂是学生的，是思维的，更是个性的。认识你自己是要发现自己身上出类拔萃的一面，超出常人的一面，独具一格的一面，创造新生的一面，进而把自己的胆识、才气、风华、情感等展示出来。我想表达的观点是我们的课堂需要独创的自己。

独创的自己，善于向优秀的教学同伴学习和探讨的；教研与教学同时展开；写作与阅读同时进行；一位优秀的教师常常和学生一起写作文；引导学生深深进入文本；比别人多走半步……这些都是一个教师在课堂上自由飞翔的翅膀。一个教师如果坚持下来，教研生命就会被拉长。

书中还举了一个年轻教师无论接手什么样基础的学生，三个月就能把成绩提高到年级第一。她的法宝就是教学方法不断变化，内容深刻挖掘，问题引人入胜，课堂凸显规律。作者由此告诉我们，教学就像是不断铸造钥匙的过程，是给学生“点金术”的过程。这对我们思政课教师更有启发，教材里耐人寻味的文字背后，都藏着树人的内涵。作为教师，一个很重要的任务就是深入走进学生的内心，引导学生深入走进教材文本，深入发掘学科的规律方法从而教会学生领悟文字背后的价值。

在另一篇中，令人回味的是作者引用的一个故事：

有一尊佛像，下面是台阶。台阶说：“同样是石头，地位太不一样了。你为何为人所敬仰，而我却被人冷落，踩在脚下？”佛像说：“因为你没有经历千凿万击呀！”没有经过雕琢的石头，他可能永远是普通的石头；而经过磨砺雕琢的石头就有可能变成有尊严的雕像，为人所仰慕。如何实现自己的教育梦想呢？很简单，就是要比别人多走半步。

《白鹿原》的作者陈忠实曾说：“我的童年是在很原始的自然环境里生活的，放学回家就去给牛割草，但一般都是在山坡上玩到太阳快下山才抓紧割草，那个山坡上有一些野桃、野杏，还有蚂蚱。我特别喜欢在荆棘丛中逮蚂蚱，那时候我跟同龄孩子唯一的一点儿差异就是，我已经读过了《静静的顿河》。”

比别人多走半步，这就是平凡人与成功者的差异，更是一般教师与优秀教师的不同。

令我感到最赏心的是书中还引用了丰子恺的一幅漫画儿，题目叫《小桌呼朋三面坐，留将一面与梅花》。还有一幅插图：三个人在一座屋子前坐着喝茶，桌子空着的一面对着一棵梅花树。三人饮茶让梅花来做伴，多美的意境呀！梅花象征一种精神，一种埋在心灵深处的高贵的精神和品格。这雅景令人向往，停一停，自己似乎也可以随之营造一个如此相像的境地，比如邀上三五好友一起喝茶、游玩，忙碌的间隙也可以赏花、听一首喜欢的歌。

人生匆匆，我们往往有太多虚无的忙碌与奔波，渐渐地便迷失了原有的初心与纯真，在一次次的痛苦、失落、迷茫、俗气之后，蓦然回首，发现我们平日往往忽略了曾经向往的那个高雅正直的自己。如果在日常工作中，给自己的心灵留一方天地，给研究留一方天地，给精神留一方天地，那么我们对生活的思索就会上升到生命的高度。这样的体悟必将带来教育教学工作的“生活”到“生命”的生长。

在教育的大地上优雅成诗

——读郑英《教育，可以这么生动有趣》有感

师者，真正的师者，能以自己的主观意识的力量，在平淡无奇的事物中，创造出美，或许平凡细碎的事物令他们烦闷，然而，仍无法遮蔽他们的兴趣，他们沉浸在对这些事物的喜悦中。郑英，就是这样的师者，这样的使者。

可爱

“如果一个朋友不再联系你，一是她挂了，二是她当老师了，三是她开学了，如果她又当老师又开学了，你就当她挂了吧。”看到神交已久的学科同行，政治老师郑英老师的一条信息，我知道远在千里之外的杭州，她所在的学校已经开学了。她那看似优雅的身姿要变回女汉子的样子了。果不其然，周末她又一条信息：“睡了三三得九个小时，外加午睡一小时，终于活过来了。”

看吧，开学季，忙碌的同时不忘调侃一下，身为班主任的她，发个小情绪也是如此的有趣。作为老师，尤其是班主任，细碎的工作日常，在她的手中变得不同凡响，观察记录，反思提升……教育，在她的生活

中变得美丽无比。

她用自己的生动有趣的教育实践，把孩子们向上向善的思维点燃，她用自己的美好塑造着教育的美好。她用自己生动有趣的教育实践告诉我们，我们苦苦追寻的理想教育，其实就存在于日常实践中。

忙碌的同时，不忘把自己的美好带给别人。一日夜间，看到她发给我的信息，问我地址对不对。我知道，她又有新作问世了。收到她寄给我的签了名字的新书，放下手头正阅读的书，细细品读。人如其书，优雅宜人，我们都曾遇到过的工作细碎，班级日常，在她的笔下，栩栩如生。

我们可以通过她的娓娓道来，看见她的一颗博大的爱心。每一件琐事，每一个事件，没有烦躁，没有抱怨，每一个活动，充满了爱意，思虑的是孩子们的成长。读着这诗一样的优雅文字，我不禁感叹，这要有一颗怎样细致、柔软的心，一个怎样智慧、善思的脑，一双怎样勤劳灵动的手，才能弹奏出这样生动有趣、和谐优美的教育乐章啊。

高 远

教育当传递生命的信息，每个孩子都是孤品，每个孩子心里都住着一个哪吒，培养孩子们对食物的“敬”和“惜”……

一篇篇文章，融道德与法治学科教育和班级教育于一体。一个个“郑式”金句，独特有心意，像从心底发出的对教育本质的呼唤和对孩子们的叮咛。文章的内容没有刻意地说教却直击心灵，似是自己教育现场的再现，给我们呈现了她用心教育的点点滴滴。随意抓取一个片段，便可观察到她的教室里不一样的洞天。

一个男孩儿认为自己像一粒沙子。一生都无法发光，她真诚地开导：“沙子若要发光，就要投身蚌壳，忍受漫长的孤寂和黑夜，长成一颗珍珠，以珍珠的面目来发光。”一步一步地启发，问沙子还可以做什么？男孩儿想了想说：“沙子可以做成沙漏计量时间；可以与水、石头等一起做成混凝土，凝固每一块儿砖瓦；可以投身沙坑，供人跳远；可以用作沙画的原料。没想到沙子有如此多的用途。”再继续开导他：“一粒沙子实现价值的方式都有这么多种，而不是非得发光，何况是人。”这些引导虽然不能毕其功于一役，但可以带给孩子们力量，点燃他们心里好孩子的梦想，让他们的心灵家园充满勃勃生机。

在我们平时的教育现场，这样的孩子们也不少，社会、家庭等方面带来的压力，学习任务的繁多，承受力弱的孩子们面临的压力会大一些。在我们的周围，教师群体中，面对方方面面的压力，也会有一些人觉得看不到努力的意义。学生也好，老师也罢，我们都可以从郑老师的教育实践和她对孩子们的循循启发中看到一个普通人努力的意义和价值。

面对一个“红孩儿”，她也曾束手无策，但出于一个教师的责任心，咬牙采用笨拙的办法坚守着。坚持每天“送”他回家，以免他在路上伤害其他孩子；坚持每天为他买早饭，以免他逼迫其他孩子给他买零食；坚持每天为他讲一个哲理小故事，为的是给他以精神上的濡染……慢慢地，他开始愿意去改变……终于，这位学生在老师的在乎下开始向善向好，是对学生的尊重，是对工作的热爱，是对事业的坚守，才能让这些“铁石”生动起来，开出绚丽的花。

这让我回溯到自己初做班主任时，面临的诸多棘手问题，当时也曾使用过这么“笨拙”的办法，用自己的爱心化解学生心里的坚冰；也曾请教有经验的老班主任，觅得妙方，化解难题。同样的事日日反复，在她的手里却翻来覆去变成了教育的一个个契机，这契机却让她化腐朽为神奇。

如今，她把这些教海中的珍珠连缀起来，巧成这本书，不要说诗一般的语言，就是这里积聚的丰富宝贵的教育教学经验，复制过来，足可以使我们的教育教学境界提升到一个新的水平。

郑英在书中有一个观点，我深以为然。“从教越久，我就越加深切认识到，教师在学生面前呈现出来的是其全部人格，而不仅仅是专业素养。学生不但会模仿教师的言行举止，更会濡染教师的精神气质和审美品位。”我们经常说，有什么样的老师，就会教出来什么样的学生，科任老师的一言一行，班主任老师的一颦一笑，都是学生模仿的榜样。因此，郑英启发同行，要用我们的美好榜样，影响孩子们的精神长相，并且时时以一颗创造的心营造班级里特殊的音韵。

无论是在平时还是在疫情时期，她都能变着花样，把学生们的大脑唤醒，也能激发起家长的参与热情，学校的保安也被请到了班级的“百家讲堂”里，所谓家校共育，协同育人，都在她的润物无声的“搞事情”中，合为一体了。

在一次微信交流中，我给她发个信息：继续想点子，搞事情，越搞越年轻。她会把2月14日的情人节，引导孩子们巧妙地过成“亲人节”，教育孩子们做一份爱的早餐，并拍一张全家福。开学日的推荐战疫人物，母亲节和父亲节的“花样”亲子作业，就算“开展劳动教育”这样宏大的主题，也在她的智慧作业里被巧妙“和谐”了。培养学生做人做事的能力，为孩子们的成长计深远，不就是学生适应社会的必备品格和关键能力，不就是为党育人、为国育才的最切实的写照吗？而她，把这些大道理蕴含在一个个有趣生动的教育叙事中，大道至简，教育本如此，也应如此。

自 胜

有一次我给本地的学科教师微信群发了一个图片，图片上有三摞高低不同的书，人站在不同高度的书上。看到的风景是不一样的，这是一个很流行的漫画。漫画的寓意很多，明面上可以看出的是，高度不同，眼界不同，前提是读书是进步的基石。

在教育的天地里，教师应努力让自己站得更高。这样，才能登高望远，化繁为简，化难为易。郑英老师在繁忙工作的同时始终不忘记提升自己，她的办公桌上总是放着要读的书籍。正是这样的博观约取，才能促成她对教育现象和教育现场的美感捕捉，她的语言里全是对别人的认同和赞美，更有别具一格的描述和对自我的反思和建设。

曾在一本书中看到过这样的话“教学的生命力表现在教学的生活性、创造性、发展性、伦理性等方面”，我觉得郑英老师的教育教学实践做到了这几个方面的完美结合。不仅如此，她在教育别人的同时也让这些理论和实践滋养着自己。

“真正的教育者，是在施教的同时实现了自我教育的人。”只有这样，我们才能真正享受到教育的双向渡人之乐趣。她是一个爱美的人，明亮的眼神，适合自己的发型，变着花样的得体服饰，时时处处诠释自己的美好模样。教育就要让教育者自己先美起来，方能以美育人。

她用“一半诗心一半匠心”，“让教室成为一个诗意的所在”。她用自己智慧的大脑、勤劳的双手（我“看见”过她为学生打饭时的快速和忙碌），美的化身，缔造着自己的教育童话，让她的学生感到学习的快乐，校园的乐趣，教室的美丽。课如其人，书如其人。读罢，会让自己的教育生活开启一个由自发到自觉的新纪元。

作家周国平如是说：“如果我是一个从前的哲人，来到今天的世界，我会最怀念什么？一定是这六个字：‘善良、丰富、高贵！’”能把平凡的工作做到如此境界的郑英老师，她的内在一定有这三个词语：善良、丰富和高贵。祝愿好朋友郑英及她的“郑式”教育永具魅力，“愿在教育的大地上，我们的汗水没有枉付，深情不被辜负，眉眼如初，明媚如故”。

向郑老师学习，学而不厌，诲人不倦，诗意地栖居在教育的大地上。

后记

时间的光

时光是一首回眸的诗。

教师当有一颗诗心。诗心就是诗意之心。

校园的花房里开出了一朵最大的玫瑰花。全校的师生都非常惊讶，每天都有许多人前去观看。

一天清晨，苏霍姆林斯基在校园里散步，看到一个小女孩儿在花房里摘下了那朵最大的玫瑰花，正从容地往外走。作为校长的苏霍姆林斯基弯下腰，亲切地问："孩子，你摘这朵花是送给谁的？你能告诉我吗？"小女孩儿害羞地说："奶奶病得很重，我告诉她，校园里有这样一朵大玫瑰花，可她有点儿不相信。我现在摘下来送给奶奶看。看过后，我就把花儿送回来。"

听了小女孩儿天真的回答，苏霍姆林斯基的心颤动了。于是，他牵着小女孩从花房里摘了两朵玫瑰花，说道："这一朵是奖励给你的，你是一个懂得爱的孩子。这朵是送给你妈妈的，感谢她养育了你这样的好孩子。"

这就是"诗心"。它能让教育者敏锐地捕捉到教育的契机，不说教，不批评，不惩罚。用宽容和激励教人向上、向善、向美，从而唤醒人性中真善美的种子。这是时间之光，穿越时空，照亮了师心，这种教育方式不是僵硬的，而是充满爱心地将一份美好定格在孩子的心中。这是对"爱的教育"的经典诠释。教育当如这样的样态，生活亦然。

有的人把时光比喻成一条河，那是因为它的源远流长；有的人把时光比喻成一朵花，那是因为它暗蕴芬芳；有的人把时光比喻成一本书，那是因为书中有无尽需要我们用灵魂解读的内容。

曾经，我把生命里那些最单薄、最寂寥的时光，都交给了文字。如今我在自己的文字里找寻自己，找寻自己的迷茫，找寻自己的忧伤，找寻自己的彷徨，也找寻到了心里那些美好和宁静的东西。

怀一颗诗心，努力并寻找课堂内外的诗意，享受精彩的教育生活。课堂上，师生融洽，心灵相通，三尺讲台，轻歌曼舞，师生共同成长；课堂外，行思读写，心怀远方。

人生旅途，是用身体载着灵魂行走的一场流浪。漫漫长路，每个人都在用不同的形式寻求着自己的幸福。教师如何找寻到自己的幸福，有一颗诗心，优雅地行走在课堂内外，这就够了。

还记得年少的梦吗？时间的光，隐在了天际里，像一叶悄悄游走的扁舟，载着我们无尽的思绪一圈一圈地漾去。希望自己安于乐教的这一份快乐能够晕染着自己所爱的人们，幸福着他们的心情。

感谢，我的文字，文字里的人们，还有为了这些文字而辛苦的人们。我们，都如农人，四季劳作，与大地同频。

时光是一首回眸的诗，生命是一场无法预约的旅程。愿每个人，浇在路上，爱成诗行！